EXTRAIT

DU DOSSIER

D'UN PRÉVENU.

IMPRIMERIE DE H. FOURNIER,
RUE DE SEINE, N. 14.

EXTRAIT

DU DOSSIER

D'UN PRÉVENU

DE COMPLICITÉ MORALE

DANS L'ATTENTAT DU 28 JUILLET.

PARIS,

LIBRAIRIE DE PAULIN,

RUE DE SEINE, N. 33.

1835.

Parmi les papiers saisis chez moi, le 29 juillet dernier, et qui ont été portés à la commission d'instruction de la Cour des Pairs, comme pouvant fournir des lumières sur l'attentat du 28, se trouvait le travail inédit que je livre ici à la publicité.

Voici en deux mots à quelle occasion ce travail a été fait.

Il existait, il y a deux ans, à Paris et dans toute la France, des associations dont l'objet avoué était de réunir des souscriptions pour soutenir la presse républicaine, fonder de nouveaux journaux sur les points importans où il n'en existait pas, et acquitter les amendes auxquelles les feuilles engagées dans la lutte auraient été condamnées.

Les associations de commune défense de la liberté de la presse étaient représentées à Paris par un comité central qui encaissait les souscriptions, en répartissait le produit, et correspondait avec tous les journaux de département voués à la discussion républicaine.

La loi contre le principe des associations n'était pas rendue : ainsi l'existence du comité parisien de défense de la liberté de la presse était un fait connu de l'autorité; les réunions du comité étaient presque publiques. Il tenait registre de ses délibérations, et, le plus souvent même, les rendait publiques au moyen d'un bulletin imprimé envoyé sous bande, par la poste, à toutes les associations correspondantes.

L'Association de commune défense de la Liberté de la presse, anéantie comme toutes les autres par la loi de 1834, est une de celles que l'acte d'accusation du procès d'avril a incriminées dans *les faits généraux* comme ayant provoqué aux insurrections de Paris, de Lyon et de Saint-Etienne. Cependant la Société de Défense commune de la Liberté de la presse ne conspirait pas; elle se bornait à la discussion et aux mesures nécessaires pour soutenir la presse contre la guerre systématique que le gouvernement lui avait déclarée.

Dans les derniers mois de l'année 1833 parut un exposé très étendu des principes de la Société des Droits de l'Homme, écrit remarquable et hardi qui ne contenait probablement pas toutes les pensées coupables qu'on y a vues depuis, car il ne fut pas poursuivi devant le jury, et il n'a été incriminé que plus d'un an après sa publication, dans cet immense acte d'accusation du procès d'avril, qui a été dirigé contre l'esprit et les résultats de la révolution de juillet bien plus que contre les insurrections républicaines.

Le Comité qui représentait l'Association des Droits de l'Homme, et qui a joui aussi d'une existence légale jusqu'à la promulgation des lois contre-révolutionnaires de 1834, adressa, dans le mois de novembre 1833, son exposé de principes au Comité central de l'Association pour la commune Défense de la Liberté de la presse, en le priant d'y adhérer par une déclaration publique.

Je ne prenais que fort rarement part aux réunions et aux travaux du Comité de Défense de la Liberté de la presse. J'acceptai cependant la tâche assez difficile d'exprimer, dans un rapport sur la déclaration de principes de la Société des Droits de l'Homme, les sentimens qu'avait fait naître en moi cette publication, et que j'avais lieu de croire partagés par le plus grand nombre des membres du Comité.

Le travail que je fis à cet effet, et qui est resté depuis dans mes papiers, parce que je ne crus pas devoir le publier alors, est précisément une des pièces qui ont été saisies chez moi le 29 juillet dernier; dois-je penser que c'est après l'avoir lue qu'on m'a retenu huit jours en état d'arrestation, et interrogé deux fois *sur la participation morale* que j'aurais eue à l'attentat du 28 juillet?

Comme il est bon qu'on sache sur quelles garanties repose parmi nous la liberté individuelle, et sur quels prétextes nos aventuriers de cabinet peuvent essayer de faire disparaître, dans les momens de trouble, les hommes qui ont eu le malheur de les humilier, je vais donner ici la liste très exacte des papiers qui ont été enlevés de mon domicile, et qui devaient établir ma complicité dans l'attentat du boulevart du Temple.

Le dossier qui m'a été restitué il y a peu de jours, après un examen qui n'a pas duré moins d'une quinzaine, se composait des pièces suivantes :

Plusieurs lettres d'invitation à dîner, billets et complimens d'amis;

Une lettre écrite de Londres par M. A. Thibaudeau, et destinée à être publiée le lendemain dans *le National;*

Un feuilleton sur l'Académie des Sciences;

Un travail sur l'Histoire du jury anglais comme juge des délits de presse;

Des nouvelles de Portugal;

Cinquante notes sur les Traités passés entre la Porte et toutes les puissances de l'Europe pour les permis de navigation dans la mer Noire;

Une notice sur M. Garat;

Un article vieux de six ans sur le charlatanisme philanthropique;

Un extrait des Mémoires de Napoléon sur l'organisation des armées permanentes en temps de paix;

Une lettre récente de M. Romiguières, procureur-général

près la Cour royale de Toulouse, mon défenseur en 1824 devant les conseils de guerre de la Restauration;

Un fragment de l'Histoire des Pays-Bas sous la domination autrichienne;

Un article sur l'Histoire pittoresque de la Convention, de M. Léonard Gallois;

Une invitation à aller prendre des bains de Vals;

Un travail sur l'état du paupérisme et de la mendicité en Angleterre;

Plusieurs articles de M. Trélat sur le régime des prisons en France. (J'ai bien peur que la découverte dans mes papiers de ces articles de M. Trélat, destinés à être publiés dans *le National*, n'ait déterminé la translation à Clairvaux de ce courageux citoyen.)

Divers travaux sur des questions d'organisation sociale, indiqués comme devant être rendus à leurs auteurs;

Un article sur le tableau des Pêcheurs de Léopold Robert, écrit par une dame;

Des notes pour une Biographie d'Alphonse Rabbe, mort en 1830;

Différens mémoires envoyés par des avocats de département sur l'incompétence de la Cour des Pairs dans le procès d'avril;

Enfin le Rapport présenté par moi, en décembre 1833, à l'Association de la commune Défense de la Liberté de la Presse.

Voilà tout ce qu'avait produit une recherche faite dans mes papiers le 29 juillet, depuis trois heures du matin jusqu'à sept heures, tant à mon domicile particulier que dans les bureaux du *National*. Supposerai-je qu'on ait seulement parcouru ces papiers en prononçant que je devais être retenu en prison sur de si graves indices ? Non, je ne le crois pas, bien qu'un grand ministre, qui m'a jadis honoré d'un peu de protection, ait eu le bon goût de se faire présenter mon dossier, et d'y chercher de sa main amie la trace de mes relations avec Fieschi. Pendant ce temps les journaux des départemens, payés par ce même ministre, imprimaient qu'on se hâtait beaucoup de protester contre mon arrestation, et qu'il fallait voir si les papiers saisis chez moi ne la justifieraient pas.

Je ne saurais, pour le moment, tirer meilleure vengeance de ces honnêtes procédés qu'en publiant la pièce dont j'ai fait connaître l'origine.

Mon motif n'est cependant pas tout personnel.

Le mot d'ordre est aujourd'hui d'attribuer à l'usage qui a été fait du droit de discussion, depuis cinq ans, l'état d'anarchie dans lequel nous sommes tombés. La presse a, dit-on, poussé les insurgés de novembre, d'avril et de juin; elle a fini par armer le bras des assassins.

La pièce que je me détermine à publier, après quelques hésitations dont je dirai tout à l'heure les motifs, répond à ces accusations par lesquelles les hommes du système réacteur croient pouvoir se dispenser de tout devoir de fidélité à leurs anciens engagemens politiques. Il est si commode de renvoyer le tort de son abjuration à des adversaires qui auraient compromis la liberté en s'en servant mal et le droit de discussion en le rendant le plus grand ennemi du repos des sociétés!

Le rapport présenté à la Société de Défense de la Liberté de la presse sur l'exposé de principes de la Société des Droits de l'Homme est, suivant moi, un document de quelque importance. Je l'adresse aux hommes qui vont voter des lois contre le droit de discussion en se persuadant, sur la parole des ministres de la réaction, que la presse quotidienne n'a encore exprimé que la moindre partie des pensées coupables et subversives qui vivent dans l'âme de ses écrivains, et qu'il n'y a jamais eu ni bonne foi, ni désir consciencieux de s'éclairer dans l'usage qui a été fait de la discussion par les adversaires du principe monarchique.

Je n'appartiens à aucun corps politique, à aucune académie; mais je doute que, parmi toutes les réunions ou associations officielles qui font partie de l'organisation monarchique établie en France, il en soit une qui m'inspirât le respect que supposent l'étendue et, j'ose dire, le ton du morceau que je composai, il y a deux ans, pour acquitter envers la Société de Défense de la Liberté de la presse ma dette de sociétaire. On jugera si c'est ainsi que s'entretiennent entre eux des anarchistes, des hommes préoccupés uniquement de leurs projets d'ambition, et toujours disposés à précipiter dans les révolutions la civilisation et le repos de leur pays.

Si quelque chose étonne les adversaires de bonne foi, qui chercheront dans cet écrit les arrière-pensées de la presse républicaine, les grands secrets qu'on devait ne se communiquer qu'à huis-clos et en fuyant l'œil de l'autorité, ce sera peut-être la différence qui existe entre la vivacité de notre polémique journalière et le calme de nos discussions intérieures. Dans nos journaux nous discutons rarement, nous disputons toujours : nous luttons malgré nous contre des hommes qui veulent nous détruire, que nous n'espérons pas persuader et qui ne peuvent nous rendre aucune justice sans se nuire à eux-mêmes, sans compromettre les positions qu'ils occupent ; tandis que, dans les réunions recueillies, dans les conversations fraternelles qu'on s'est complu à peindre au public comme des conciliabules terroristes, nous ne disputions pas, nous discutions, c'est-à-dire que nous nous soumettions les uns aux autres nos doutes ; que nous nous rapprochions avec l'espoir de nous éclairer mutuellement, et de rassurer nos consciences sur la responsabilité morale qui nous appartenait dans ces luttes où nous figurions comme combattans, et dont il était impossible de prévoir l'issue.

Si le travail que je me décide à publier est demeuré jusqu'à présent inédit, ce n'est pas qu'il ne fût l'expression la plus générale des sentimens qui existaient dans l'Association pour la Commune défense de la Liberté de la presse, c'est que je ne l'avais pas destiné à la publicité, c'est que je ne voulais pas qu'il devînt pour la presse ministérielle un texte à opposer à telle autre publication républicaine dont il aurait paru la réfutation; c'est aussi, je l'avouerai, que je sentais parfaitement le faible de cet écrit, qui témoigne plutôt des hésitations consciencieuses de son auteur sur les points les plus importans de notre passé et de notre avenir révolutionnaire que de cette fixité de vues et de projets qu'on est en général porté à nous demander. Le public est très exigeant envers ceux qu'on lui donne pour hommes de parti. Il veut des affirmations et non pas des doutes, des solutions hardies, des systèmes décidés et non pas l'aveu des flottemens du jugement et de la conscience.

Ce dernier caractère est celui de l'écrit que je viens de relire au bout de deux ans, non sans quelque satisfaction, puisque j'y retrouve mes intentions, toujours les mêmes malgré les violences de gouvernement qui sont intervenues depuis, et qui ne m'ont pas épargné plus qu'un autre.

Les scrupules qui, il y a deux ans, m'empêchèrent de consentir à ce que ce rapport fût publié sous mon nom, suivant le désir de mes co-associés et des auteurs mêmes du Manifeste de la Société des Droits de l'Homme, ont fait place à un sentiment très différent. Je ne crains plus, pour l'ensemble de l'opinion républicaine, qu'on s'empare de cet écrit afin d'opposer dans les feuilles ministérielles école à école; car, probablement, en nous interdisant la discussion républicaine, on s'interdira aussi les provocations à notre égard; je ne me demande plus s'il ne sera pas fâcheux pour les hommes qui partagent entièrement mes opinions, et pour moi en particulier, que le public connaisse les tâtonnemens de nos esprits et voie sur quelques points nos doutes, je dirai hardiment notre ignorance.

Qu'on donne à ces tâtonnemens le nom qu'on voudra, on ne leur ôtera pas leur caractère sérieux, probe et véridique. Tout homme juste qui lira cet écrit conviendra que les opinions auxquelles il a été adressé ne faisaient pas abus du droit de discussion; qu'elles n'étaient pas de si sauvages ennemies de la civilisation et de l'ordre social; qu'elles cherchaient sincèrement la vérité, et qu'elles avaient peut-être un peu de ce qu'il faut pour y arriver, si l'on ne se fût pas étudié à les aigrir, à les précipiter dans les voies extrêmes par des calomnies et des persécutions atroces.

Il est une question que peut-être je dois prévoir :

On demandera si cet écrit a été présenté à l'Association pour la Défense de la Liberté de la presse absolument tel que je l'imprime.

Les circonstances, très différentes aujourd'hui de ce qu'elles étaient à l'époque où cet écrit fut composé, suffiraient sans doute pour m'autoriser à être un peu moins hardi qu'il y a deux ans; j'indiquerais alors toutes les suppressions devenues nécessaires, mais j'ai été assez heureux pour n'en avoir pas à faire. Je ne me serais pas cru permis en honneur, bien que ce travail soit ma propriété, d'en modifier l'esprit, sur les points mêmes où mes opinions auraient pu être changées par le temps, l'étude et la réflexion.

A. CARREL.

RAPPORT

SUR LE MANIFESTE

DE LA

SOCIÉTÉ DES DROITS DE L'HOMME;

LU

A LA SOCIÉTÉ DE DÉFENSE COMMUNE

DE

LA LIBERTÉ DE LA PRESSE,

LE 8 DÉCEMBRE 1833.

Messieurs,

Le comité central de la Société des Droits de l'Homme et du Citoyen vous a adressé une déclaration de principes, dont il a été beaucoup et très diversement parlé depuis deux mois. Cette pièce était accompagnée d'une lettre par laquelle vous étiez invités à adhérer à l'ensemble des doctrines de la Société des Droits de l'Homme.

L'objet de votre association ne vous permettait pas d'accorder cette adhésion. Vous n'êtes pas les représentans de tel ou tel système républicain, mais seulement les défenseurs du droit qu'ont toutes les opinions républicaines de se produire par la discussion.

Votre première pensée, en vous réunissant, et en appelant les patriotes des départemens à joindre leurs efforts aux vôtres, fut de vous constituer les appuis de ce principe à jamais sacré parmi nous : que tout homme a le droit de publier ses opinions, quelles qu'elles soient ; d'attaquer par la discussion les systèmes accrédités et les institutions établies ; de proposer toutes les innovations et réformes que sa conscience lui indique comme devant tourner au bien de ses concitoyens.

Si, récemment, vous avez changé ce titre qui vous désignait si bien comme défenseurs de toutes les opinions patriotes, et si vous vous êtes proclamés *association républicaine pour la liberté de la presse*, ce n'est pas que vous distinguiez entre la liberté de vos opinions et celle des opinions qui en diffèrent ; c'est que vous avez vu que hors de l'opinion républicaine il y avait malheureusement tiédeur pour des libertés dont on craint de se servir ; c'est que vous vous devez tout entiers à votre opinion quand on la persécute par privilége. Désormais, donc, vous portez exclusivement secours aux doctrines progressives qui cherchent le bien du pays en dehors des conditions de la monarchie.

A ce titre, le Manifeste de la Société des Droits de l'Homme devenait un lien entre cette société et vous. Si le comité central des Droits de l'Homme a pensé qu'un écrit destiné à provoquer la discussion le mettait naturellement en rapport avec vous, vous ne pouviez manquer, de votre côté, de prendre un haut intérêt à une publication dont tous les partis se sont émus, qui pose de grandes questions, représente une masse considérable d'opinions démocratiques, et invite à des discussions fraternelles d'autres opinions républicaines plus rapprochées des principes regardés à tort ou à raison comme conservateurs des intérêts actuels des classes moyennes. Vous avez voulu, Messieurs, répondre à l'appel de la Société des Droits de l'Homme, et remplir votre propre mission, en nous demandant un rapport sur la déclaration qui vous avait été adressée.

Toutes les opinions républicaines partent du même principe, usent de la même logique, et sont solidaires entre elles, quelque éloignées que soient les unes des autres les conséquences auxquelles chacune d'elles s'arrête. Ainsi, le manifeste obtiendra, comme œuvre de discussion, droit de cité parmi nous, bien qu'il pousse les idées de réforme au-delà de tout ce qui a été exprimé dans le sein de notre association. L'anathème lancé contre ces doctrines par des gens qui permettent les appels quotidiens à la légitimité et à l'étranger, ne vous intimidera pas. Hommes de discussion et de publicité, vous ne connaissez point de théories qu'on puisse repousser *à priori* comme indignes. Cette déclaration de principes aurait même d'autant plus de droits à votre examen, qu'elle a soulevé plus de passions intolérantes.

« Laissez-vous emprisonner, laissez-vous pendre, a dit
« notre maître Paul-Louis Courier, mais publiez votre
« pensée. Ce n'est pas un droit, c'est un devoir. La vé-
« rité est toute à tous. Ce que vous connaissez utile,
« bon à savoir pour un chacun, vous ne le pouvez taire
« en conscience; et comme il n'y a point d'homme qui
« ne croie ses idées utiles, il n'y en a point qui ne soit
« tenu de les communiquer et répandre par tous les
« moyens à lui possibles. Parler est bien, écrire est
« mieux, imprimer est excellente chose, et la meilleure

« qui se puisse faire; car si votre pensée est bonne, on
« en profite; mauvaise, on la corrige et l'on profite
« encore. Mais l'abus!...... Sottise que ce mot. Ceux qui
« l'ont inventé, ce sont ceux qui vraiment abusent de
« la presse, en trompant, calomniant et empêchant de
« répondre. » Ces vigoureuses paroles de Paul-Louis
Courier sont le programme d'une société telle que la
vôtre. Vous ne repoussez donc aucune doctrine progressive; loin de là, vous les encouragerez toutes.

Ceux qui aiment les tâches toutes faites auraient voulu peut-être qu'on n'ajoutât pas aux difficultés de la réforme politique, en jetant dans la discussion des théories de réforme sociale. Mais la liberté appelle chacun à apporter le tribut de ses lumières et de ses inspirations, dût cette sainte concurrence susciter quelquefois au progrès lui-même des difficultés inattendues. Si réellement une révolution dans l'ordre politique ne pouvait être heureuse et assurée qu'en s'appuyant sur de profondes réformes sociales, ne serait-ce pas nous rendre service que de nous indiquer jusqu'où peuvent être poussées certaines exigences? Ce n'est pas nous retarder, quoi qu'en puissent dire quelques-uns de nos amis; c'est nous éclairer; c'est nous forcer à mesurer l'étendue de notre responsabilité. Nous ne voulons pas la république en passant, mais la république définitive. Nous avons donc besoin de connaître d'avance les intérêts, les tendances, les passions même et les ressentimens de toutes les parties qui composent la majorité nationale. Si l'on nous révèle des besoins et des prétentions que nous ne connaissions pas et avec lesquels il faudrait compter tôt ou tard, humilions notre orgueil; nous nous étions crus sans doute, avant le temps, maîtres d'une besogne qui passait encore notre science et nos forces.

Pour des esprits habitués depuis dix-huit ans à retourner dans tous les sens un très petit nombre d'idées progressives, et à les ajuster tant bien que mal aux préjugés et aux intérêts stationnaires de cent ou cent cinquante mille privilégiés, il est un peu nouveau, nous l'avouons, de s'entendre demander la représentation universelle du pays, l'égalité absolue des droits politiques, la subsistance de tous les membres du corps social assurée aux dépens de ceux qui ont le superflu, la dispense de toute contribution en faveur de ceux qui n'ont que le nécessaire, la limitation du droit de propriété à une certaine portion garantie par la loi, la destruction de toute industrie qui préjudicie à l'existence du pauvre, la progression et non plus la proportion de l'impôt. Il est surtout quelque peu effrayant de s'entendre renvoyer, pour le développement de ces propositions, à l'autorité du représentant Robespierre; car on se souvient beaucoup moins aujourd'hui de Robespierre théoricien, que de Robespierre chef de ce triumvirat de terreur qui fut vaincu au 9 thermidor.

Une phrase du Manifeste nous apprend que ce ne sont pas les membres du comité actuel qui ont eu la pensée d'invoquer la déclaration des droits de Maximilien Robespierre, comme résumant les prétentions de la démocratie de 1833. Cette phrase est ainsi conçue :

« Dès son origine, et avant la formation du comité
« central actuel, la Société des Droits de l'Homme
« adopta, comme expression de ses principes, la décla-

« ration présentée à la Convention nationale par Maxi-
« milien Robespierre. »

Bien que, dans le paragraphe suivant, le comité actuel ajoute qu'il s'associe de nouveau à cette déclaration, « non comme à la meilleure possible, mais comme à la « meilleure connue, » nous ne considérerons pas l'invocation de l'autorité et du nom du représentant Robespierre comme le fait du comité qui a contresigné le Manifeste. Nous insistons sur cette circonstance, parce qu'elle nous servira à expliquer un emprunt qui a donné matière à tant de déclamations monarchiques contre l'ensemble du parti républicain.

L'association des Droits de l'Homme est incontestablement une image et un produit naturel de cette démocratie parisienne qui ne jouit pas de la représentation politique et qui vit de son travail journalier; population au-dessous de laquelle il existe encore aujourd'hui, d'après un état officiel tout récent, cent quatre-vingt-dix mille habitans de tout âge et de tout sexe, réduits aux soulagemens de la charité publique. Cette partie laborieuse et agissante de la population de Paris, classée entre l'aisance et la misère, est nécessairement traitée avec dureté par un gouvernement qui la redoute; elle est froissée par un système d'impôts dirigé contre elle et qui semble combiné de façon à la contenir en l'apauvrissant. Pour se rendre compte des sentimens qu'a pu développer dans cette population de travailleurs intelligens le spectacle de la déception contre laquelle nous luttons depuis trois ans, il est bon de se rappeler la succession de passions et d'idées par laquelle la démocratie française a déjà passé de 1789 à 1815; histoire un peu longue, mais nécessaire, et qui, nous l'espérons, ne vous paraîtra pas déplacée. Nous établirons, par elle, quelles sont les traditions révolutionnaires qui peuvent vivre aujourd'hui dans la partie politiquement active de la population de Paris. Nous verrons jusqu'à quel point il peut être concevable que les projets de réforme sociale dont Robespierre entretint la Convention quelque temps avant le 9 thermidor, aient trouvé crédit parmi nos prolétaires de 1833, affiliés dans la Société des Droits de l'Homme.

En étudiant l'histoire de la révolution depuis l'appel fait à la nation par la royauté de 1789 jusqu'à l'attentat du 18 brumaire, on est frappé de deux faits principaux : le premier, c'est que la révolution contre l'ancien régime ne pouvait pas s'accomplir sans le secours de la démocratie; le second, c'est qu'il y avait malentendu entre la bourgeoisie et le peuple sur la portée révolutionnaire des principes invoqués contre la royauté absolue.

Lorsque les états-généraux s'assemblèrent, la nation était distribuée officiellement en trois ordres : clergé, noblesse, tiers-état. Mais cette distribution n'était plus en harmonie avec les faits. La nation se divisait réellement en privilégiés de naissance ou nobles; en privilégiés parvenus, élevés par voie de concurrence, c'étaient les bourgeois; et enfin en prolétaires ou manouvriers des villes et des campagnes, c'était l'immense majorité nationale.

L'abbé Sieyes eut parfaitement raison quand il écrivit : « Le tiers-état est tout ; les deux premiers ordres ne sont rien. » En effet, le clergé n'était plus une force, du moment qu'il ne trouvait plus dans les préjugés nationaux le moyen de défendre ses grands biens contre la cour, la noblesse, la bourgeoisie, le peuple, qui voulaient et pouvaient s'en emparer.

La noblesse était déchue; depuis un siècle et demi, elle ne croyait plus à elle-même : elle était si persuadée du ridicule de son propre rôle, qu'elle abdiqua d'enthousiasme, dans la nuit du 4 août, toutes ses distinctions. En voyant la noblesse venir se fondre dans le tiers-état et s'en faire une gloire aux yeux de la philosophie, on pouvait prononcer hardiment que, depuis bien long-temps, cette noblesse n'était plus que nominale.

Le pouvoir royal absolu, le pouvoir d'un seul homme sur les biens et la vie de vingt-cinq millions d'hommes; le pouvoir des prêtres sur les consciences; la supériorité des nobles sur les Français non titrés, tout cela était mort dans les idées avant 1789. Bien que le dix-huitième siècle eût remué sans les approfondir, et surtout sans les résoudre, toutes les idées de réforme sociale qui nous occupent aujourd'hui, cependant le travail révolutionnaire médité par la Constituante était dirigé uniquement contre le pouvoir absolu et les distinctions cléricales et aristocratiques, qui semblaient résumer tous les abus du même régime.

Comme le tiers-état était tout, ainsi que l'avait proclamé l'abbé Sieyes, c'était dans le sein même du tiers-état que la véritable révolution était à faire. Le tiers-état ne le soupçonnait pas. Le bourgeois et le prolétaire avaient proclamé ensemble, à la vue de la Bastille dominant leurs têtes, que tous les hommes naissent libres ; ils avaient dit, en haine d'une noblesse frivole et infatuée, que tous les hommes sont égaux en vertu d'un droit naturel.

En apprenant que la couronne voulait, par la force, empêcher les députés du tiers-état de se réunir, ils s'étaient écriés en commun que la nation était souveraine ; qu'il n'appartenait qu'à elle de faire la loi ; que le roi ne pouvait être que l'exécuteur de la volonté de tous, le premier magistrat, le premier serviteur du peuple.

En entendant révéler le déficit par M. Necker, le bourgeois et le prolétaire avaient proclamé qu'il n'appartenait qu'aux représentans de la nation d'administrer la fortune publique ; d'asseoir, de classer, de voter l'impôt et d'en surveiller l'emploi. En se voyant opposer les baïonnettes des Suisses et les sabres des cavaliers étrangers à la solde de la cour, le bourgeois et le prolétaire avaient senti le besoin d'exiger que l'armée fût nationale ; que sa partie active ne servît que contre l'ennemi du dehors ; que sa partie non mobile fût, sous le nom de garde civique, exclusivement chargée du maintien de l'ordre public.

En rencontrant sur leur chemin les procédures du Châtelet et des chambres étoilées de la monarchie, le bourgeois et le prolétaire avaient publié la nécessité d'un pouvoir judiciaire national et indépendant : le principe du jugement des citoyens par leurs pairs avait pris ainsi naissance dans les esprits.

En luttant enfin, sur toute la surface de la France, contre les déprédations des intendans, commissaires et commandans militaires pour le roi, le bourgeois et le prolétaire avaient désiré se réserver, en dehors du contrôle exercé par les représentans généraux de la nation, un contrôle local remis à des magistrats électifs et révocables.

Voilà toute la révolution de 1789, telle qu'on la trouve dans la constitution publiée en 1791. Dans tout cela le bourgeois avait parlé et le prolétaire applaudi. On était nécessairement d'accord tant que l'égalité n'était réclamée que du bourgeois au noble, et non du prolétaire au bourgeois; tant que les droits politiques servaient à détruire l'aristocratie de naissance, et non à constituer et défendre l'aristocratie de fortune contre le prolétaire. On devait s'apercevoir bientôt du malentendu.

A l'ancien état de choses, aux inégalités, aux disparates de l'ancien système aristocratique, se substituait donc une manière d'être uniforme, dans laquelle se retrouvaient :

La royauté, à l'état de pouvoir exécutif inviolable et salarié;

L'ancien ordre du clergé, avec une mission toute spirituelle, protégée et rétribuée par l'État;

L'ordre noble, à titre de grand propriétaire, destitué d'anciens priviléges réprouvés par l'opinion, mais admissible, concurremment avec le prêtre salarié et le bourgeois émancipé, à la représentation du pays et à toutes les fonctions du gouvernement, tant général que local, au choix du pays comme au choix du pouvoir exécutif.

On peut dire que dans cette transformation, le clergé, la royauté, la noblesse, avaient plus gagné que perdu. En échange de priviléges insoutenables, ils avaient acquis des garanties politiques. C'étaient des vaincus qui, en paraissant se fondre dans les cadres de l'armée victorieuse, avaient conservé tous les moyens d'en saisir le commandement. Ceux qui, en qualité de priviégiés, n'eussent pas été supportés, retrouvaient, à titre d'égaux de leurs anciens subordonnés, un moment leurs vainqueurs, la faculté de prétendre aux bénéfices du nouvel ordre politique. Dans tout cela, il n'y avait rien qui ne fût conforme à l'esprit de la révolution de 1789.

Il s'agit de savoir si cet état de choses qui suffisait à la bourgeoisie faisait le compte de l'insurrection démocratique sans laquelle le pouvoir royal et les ordres priviégiés n'eussent jamais été vaincus.

Les conditions de liberté, d'égalité, de concurrence universelle, établies par la Constitution de 91, pouvaient satisfaire la bourgeoisie, mais non pas la démocratie. C'est pourquoi la Constitution de 91 était déjà impopulaire quand elle fut publiée. Toutes les discussions qui avaient précédé la rédaction de ce premier acte constitutionnel avaient irrité violemment la masse des prolétaires français, et il n'avait pas manqué d'orateurs et d'écrivains improvisés pour expliquer au peuple qu'il avait fait un marché de dupes; qu'il s'était battu; qu'il avait versé son sang et pris la Bastille pour donner à ses ennemis des droits politiques au moyen desquels ceux-ci l'enchaînaient de nouveau, le réduisaient, suivant le langage même de la Constitution, à l'état de *nation passive*; que s'appeler pauvres sous ce nouveau gouvernement, c'était absolument la même chose que s'appeler roturiers, vilains et vassaux sous l'ancien ; qu'il fallait fonder l'égalité positive, l'égalité dans la société ; que l'égalité politique était une nouveauté au profit exclusif des riches bourgeois ; que ceux-là seulement trouvaient dans leur éducation, leur notabilité, leur crédit, les moyens de soutenir la concurrence contre les anciens privilégiés, transformés en *citoyens actifs*, en électeurs et en éligibles.

La démocratie avait gagné certainement par la destruction des jurandes, des corporations, des maîtrises ; par l'abolition des institutions féodales qui concentraient la propriété dans un petit nombre de mains. Mais la démocratie ne pouvait pas goûter ces biens dans un temps de révolution qui avait détruit les existences de cour, les habitudes de luxe, frappé de mort un grand nombre d'industries et suspendu le travail dans la plupart de celles qui n'avaient pas pour objet de fournir à la révolution les moyens de lutter contre l'Europe. Il y avait donc quelque chose de très fondé dans le langage qu'on tenait au prolétaire et dans la réaction qui s'opérait en lui contre les changemens qu'il avait embrassés avec passion en 1789.

Nécessairement aussi, quand le tiers-état s'était levé en masse contre les ordres privilégiés, et que les mots de liberté, d'égalité, de bonheur commun, avaient été prononcés pour la première fois, on s'était bien gardé d'entrer en explication avec le peuple sur la signification et l'étendue de ces mots. Chacun avait pu les interpréter avec les arrière-pensées de sa situation.

Le noble, en abdiquant ses priviléges et recevant en échange des droits de citoyen, avait pu se dire : « Si mon « voisin homme de robe ou marchand enrichi se met « sur les rangs pour me disputer un poste électif, « mon château vaudra bien sa terre, ma capacité vaudra « bien la sienne, et j'aurai de plus que lui la con- « naissance des intérêts de la haute politique : c'est en- « core moi qui commanderai les armées, qui serai « ambassadeur et premier ministre. » Ce n'étaient pas un Lafayette, un Larochefoucauld-Liancourt, un d'Argenson, qui avaient eu de ces arrière-pensées ; mais il y avait à côté d'eux, parmi les notabilités révolution- naires de l'époque, des Talleyrand, des Montmorency, des Vaublanc, des Lameth, des Pastoret ; nous dirions un Mirabeau, si Mirabeau avait pu vendre à la monar- chie autre chose que ses passions, et si son génie n'était pas resté une gloire nationale.

Le bourgeois, avec de l'éducation, et même sans fortune, avait pensé peut-être : « Je soutiendrai la con- « currence politique du noble et du gros rentier. Je « n'ai pas d'avances, mais je trouverai du crédit, des « gens qui me prêteront sur mon intelligence et mes « chances d'avancement. Je reprocherai au noble son « ancienne insolence, au gros rentier l'usure qui l'a « enrichi ; j'aurai les suffrages du peuple, parce que je « suis du peuple et que seul je puis lui parler le langage « qu'il aime. » Ce n'étaient pas les bourgeois de l'espèce de Bailly, de Pétion, de Roland qui faisaient de ces calculs ; mais que de noms tristes à rappeler, que de noms fameux à la Constituante, à la Législative, à la Convention, nous montreraient la part de l'égoïsme bourgeois et de l'esprit d'intrigue dans les évènemens de cette première époque!

Quant au prolétaire, flétri par la Constitution du nom de *citoyen inactif*, n'ayant ni crédit qui pût lui permettre d'emprunter pour s'établir, ou pour jouir au-delà de son gain journalier, ni éducation pour rivaliser avec le bourgeois et le noble, ni chance prochaine d'inspirer au corps législatif des lois qui ménageassent le pauvre et chargeassent le riche, il devait porter ses espérances hors des principes et des données de la Constitution de 1791; il devait sourire à l'idée d'un gouvernement qui ôterait aux classes déjà riches la faculté de le devenir davantage; il devait désirer un ordre de choses qui donnât gratuitement l'éducation à ses enfans et les fît intellectuellement les égaux du noble et du bourgeois sortis des mains du précepteur.

Ainsi, en 1789, le tiers-état tout entier demandait la liberté religieuse contre le clergé, la liberté civile contre la royauté et la noblesse, la liberté de la presse et le gouvernement représentatif contre le pouvoir absolu, l'égalité politique et civile contre tous les privilégiés du vieil ordre politique et social. Mais en 1791, à l'époque où la Constitution, rédigée sur ces principes, fut proclamée, il n'y avait plus que la bourgeoisie qui tînt pour les principes de 89 et qui y trouvât son compte. Le peuple était déçu dans ses espérances, et ne voyait plus dans toutes les théories des hommes à constitution et à équilibre de pouvoirs qu'un mensonge; et voici comment il raisonnait:

« Que nous importe, disait-il, la liberté de la presse?
« Les anciens privilégiés s'en serviront du même droit

« que nous, et avec plus de succès que nous. Que nous
« importe la représentation nationale, puisque les aris-
« tocrates, en se déguisant, y arrivent, et que nous en
« sommes exclus ? Que nous sert d'être la nation
« souveraine, puisque nous sommes en même temps la
« nation passive, la nation qui paie, travaille, souffre
« et obéit ? Il y a autant de pauvres qu'avant la révo-
« lution, et il n'y a pas moins de riches. Pour goûter
« les avantages de toutes ces libertés qu'on prétend nous
« avoir données, il faut être riche ; c'est une représen-
« tation contre nous et non pas pour nous. »

Tel était le langage du pauvre sous la Constituante
et même sous la Convention. Aussi, la majorité de la
Convention n'était-elle pas plus populaire en 1793 que
la majorité de la Constituante en 1791 ; car la Convention, quoi qu'on en dise, représentait en majorité des
intérêts bourgeois, et se ralliait, comme on le vit en
l'an III, aux mêmes principes de liberté civile, politique, religieuse, aux mêmes conditions d'égalité et de
concurrence sociale que la Constituante. Les idées et les
intérêts de la démocratie n'avaient encore trouvé d'organes et de représentans que dans la presse, les clubs
et la commune de Paris, lorsque Robespierre et Saint-
Just présentèrent à la Convention leurs doctrines d'é-
galité absolue et leurs accusations mal dissimulées
contre les principes de liberté de 1789.

Robespierre et Saint-Just ont été depuis expliqués
et sans doute exagérés par l'école de Babœuf. Cette
école repoussait le système de liberté qui eût permis à

tout homme de se procurer, par le libre développement de ses facultés, des jouissances refusées à ses concitoyens, *à ses frères*, lorsqu'ils étaient moins habiles, moins accrédités, moins chanceux que lui. L'école de Babœuf ne voyait pas dans la Société une collection d'individus libres de travailler chacun à son bonheur particulier comme il pouvait l'entendre, mais une famille composée de frères, et dans laquelle tous devaient travailler à l'entretien et au bonheur de tous, de manière qu'il en résultât pour chacun une part égale de jouissances, quelles que fussent les différences de capacité, d'activité et de disposition au travail. L'école de Babœuf appelait notre système de liberté, qui permet à chacun de s'élever en proportion de ses facultés et de ses efforts, un système d'égoïsme, et son système à elle c'était la fraternité, c'était le renoncement à toute liberté, à tout sentiment individuel au profit d'une individualité sociale plus jalouse et plus exigeante qu'aucun despotisme connu. Ainsi se traduisait, dans un temps où la violence était le moyen de tous les partis, la légitime et vague prétention populaire de 89, le désir naturel à tous d'obtenir les jouissances d'une civilisation que tous avaient contribué à former depuis des siècles, les uns en s'épuisant à produire, les autres en remplissant leur rôle de consommateurs insatiables.

Mais pouvait-on procurer à la démocratie, par les voies de liberté ouvertes en 1789, un état de choses qui l'associât réellement à toutes les jouissances de la civilisation qu'elle voyait se déployer sous ses yeux au profit des seuls riches? Les termes de la question révolutionnaire étaient ainsi changés. La guerre contre un certain ordre de privilégiés était finie; il n'y avait plus à contester que le titre du riche, son privilége de jouir seul en présence du grand nombre qui travaille et souffre. Il faut considérer qu'en 1793, à l'époque où Robespierre présenta sa déclaration des droits, la démocratie tout entière était sous les armes à la frontière et dans Paris; que nul ne devinait l'issue de la lutte engagée entre la levée en masse et la coalition. Il était permis peut-être alors aux hommes entrés les derniers dans la lutte, et qui portaient non-seulement leur propre fardeau, mais celui de tous leurs prédécesseurs vaincus, morts ou fugitifs, de se demander si la civilisation, telle que nous l'avait léguée une monarchie corrompue, si l'état de société qui avait vu se déployer ces horribles luttes, n'étaient pas seuls coupables de tant de crimes et de malheurs, auxquels les générations de la fin du dix-huitième siècle avaient été dévouées.

La réponse trouvée à cette redoutable question par Saint-Just et Robespierre fut, sincèrement, nous le croyons, que la civilisation des siècles précédens était fausse et dépravante; que l'état de société, sous des dehors brillans, était barbare et imperfectible; que la liberté laissée à chaque individu, dans un tel état de société et de civilisation, de tout innover, de tout entreprendre pour augmenter la somme de ses jouissances privées, était une conquête funeste, un fatal véhicule donné à toutes les passions qui jetaient l'humanité hors de la vertu, sa loi de nature.

Ces idées n'étaient que celles de la sombre philosophie de Rousseau, appliquées au milieu de la plus terrible convulsion qu'une société eût jamais éprouvée. Aujourd'hui que cette société a fait voir, par quarante ans d'épreuves, qu'elle est susceptible de progrès indéfinis, non-seulement dans l'ordre matériel, mais dans l'ordre moral; aujourd'hui qu'on ne connaît plus que de nom tant de vices que les hommes de 93 avaient vus s'ébattre dans les saturnales de l'ancienne monarchie, nous avons peine à concevoir ce mélange de passions terroristes et de sentimens évangéliques dans les mêmes ames; à deux jours de distance, dans le même homme, la paraphrase du vicaire savoyard, et le préambule de la loi des suspects : tout cela cependant n'est pas hors de la nature de l'homme, puisque tout cela s'est vu. Il peut être bien de s'en indigner; mieux vaut le comprendre, cela rassure pour l'avenir. Robespierre, donc, en voulait à la société, qu'il avait vue en disciple de Rousseau, à une civilisation dont il n'était pas peut-être capable de goûter les jouissances, et qui ne l'avait pas distingué du vulgaire des déclamateurs; il en voulait à cette liberté qu'il avait contribué à conquérir sur les privilégiés de l'ancienne monarchie, et qui, à ses yeux, ne pouvait plus que faire obstacle à l'établissement démocratique. Voilà dans quelles idées fut conçue la déclaration de principes dont la Société des Droits de l'Homme s'est emparée.

Il semble naturel que ce système se soit présenté à l'esprit d'hommes qui portaient la responsabilité du supplice des Girondins, des Cordeliers, des Hébertistes, et qui, en se substituant à tous leurs rivaux, s'étaient donné l'effrayante tâche de sauver et de clore l'œuvre commune. Il n'y avait alors que trois manières d'envisager la fin de cette grande convulsion sociale : ou bien la levée en masse serait battue à la frontière, la France serait envahie, l'ancien gouvernement serait rétabli avec toutes ses impuretés, tous ses abus, et en même temps ses conditions d'ordre; ou bien la levée en masse serait victorieuse à la frontière, et on satisferait à l'intérieur toutes ses exigences; ou bien, enfin, après avoir vaincu l'Europe par la levée en masse, on essaierait de licencier cette démocratie en armes, on l'obligerait à rentrer dans ses ateliers, et à y attendre, du progrès naturel des choses, l'amélioration de son sort.

Que ce soit un éloge ou un blâme pour la Convention et les comités de gouvernement, il est certain que leur majorité ne songea jamais sérieusement, même en face de Robespierre et de Saint-Just, à procurer une satisfaction immédiate à la démocratie. La majorité de la Convention et des comités ne représentait pas la démocratie parisienne, mais la nation tout entière. L'instinct de la majorité de la Convention était de préserver la société et la civilisation, en sacrifiant même, s'il le fallait, les intérêts de la démocratie urbaine, représentée, depuis trois ans, par les sections armées et les faubourgs de Paris. On a vu, après le 9 thermidor, la Convention et les comités réagir en ce sens, chasser le peuple des sections, y ramener la bourgeoisie, et pousser la jeunesse dorée, revêtue des insignes de la chouannerie, contre les faubourgs de Paris. Il semblait qu'il fallût détruire à tout prix ces foyers de passions démocratiques, pour rendre à la civilisation révolutionnaire la marche qui lui avait été imprimée en 1789.

Qu'on ne se fasse donc pas illusion sur le caractère de la déclaration des droits rappelée par le Manifeste de la Société des Droits de l'Homme. Cette déclaration était dirigée contre la société, contre la civilisation, contre le principe de liberté conquis en 1789, et cela était conséquent avec l'effrayante responsabilité qu'avaient acceptée Robespierre et Saint-Just. Pouvaient-ils en effet assurer au prolétaire émancipé les jouissances que l'ancien état de civilisation, combiné avec la dévorante activité du principe de liberté de 89, procurait à tout homme qui, par génie ou par corruption, savait devenir riche? Pouvait-on, pour nous servir d'images un peu vulgaires, promettre à tout le monde un carrosse, un château, une maison de ville et une loge à l'Opéra? Non sans doute. Il fallait donc déterminer une moyenne de jouissance qu'il ne fût permis à personne de dépasser, et à laquelle tout le monde pût atteindre; il fallait combler les vallées et raser les montagnes, faire disparaître à la fois l'opulence et la misère : tout cela ne se pouvait ni du jour au lendemain, ni par la société, ni par la civilisation, ni par la liberté, telles qu'elles existaient.

Pour réaliser immédiatement ces vœux philanthropiques, vœux émis dans les deux siècles précédens par Fénélon, Rousseau et Mably, on eût vainement demandé à la France une nouvelle assemblée extraordinaire; car, dans l'état d'infériorité intellectuelle où était la démocratie, cette assemblée n'eût pas été certainement plus radicale que la Convention. Or la Convention a montré, dans ses déclarations de droits de 1793 et de l'an III, qu'elle n'entendait pas sacrifier à un but de fraternité encore mal défini les biens positifs que l'état de société, de civilisation et de liberté, fondé sur le principe de libre concurrence, malgré tous ses abus, assurait à la France. Il appartient aux progrès mêmes de la civilisation et de la liberté d'amener entre les hommes cette mutualité d'affection et d'assistance si justement désirée par les philosophes du dix-septième et du dix-huitième siècles, et si perversement interprétée par les hommes que dénonça Robespierre lui-même, comme voulant perdre la révolution en l'exagérant. Le sentiment de mutuelle affection appelé fraternité, ce sentiment qui n'est que le principe même de civilisation et de sociabilité élevé à sa plus haute puissance, n'existait certainement pas à une époque où l'on s'entretuait révolutionnairement. La morale ne veut sans doute pas qu'on laisse mourir son frère de faim et de maladie, en se livrant au plaisir et faisant bonne chère; mais la même morale défend premièrement à un frère de tuer son frère sur une différence d'intérêt ou d'opinion. Établir la fraternité par la proscription de quiconque aura été signalé comme égoïste; poursuivre par l'extermination un but d'humanité, c'est un contresens moral qui peut être expliqué dans Robespierre et Saint-Just par une position inouie; mais toute chose qui s'explique n'est pas pour cela supportable.

Robespierre et Saint-Just, seuls organes à la Convention de cette école républicaine dite de la fraternité, qui a trouvé plus tard dans Babœuf et ses amis des interprètes plus audacieux et moins habiles, ne pouvaient pas espérer que la France de 1793 leur donnât, par quelque système d'élection que ce fût, une assemblée plus révolutionnaire que la Convention, et ils avaient jugé eux-mêmes que la constitution toute démocratique de 93, réussît-on à l'appliquer, laisserait encore à toutes les inégalités sociales des chances trop certaines de reprendre le dessus et de mettre la démocratie hors des affaires. Pour Robespierre et Saint-Just, il s'agissait donc d'établir dictatorialement, sous la protection de la levée en masse et de la démocratie parisienne encore en armes, et avec l'appui d'une minorité conventionnelle, des résultats que le jeu naturel de la liberté leur paraissait ne jamais devoir amener. On eût, suivant l'expression de l'un d'eux, décrété les vertus aussi facilement que le maximum.

Ainsi, on aurait dit avec Robespierre : « Nous vou-
« lons substituer dans notre pays la morale à l'égoïsme,
« la probité à l'honneur, les principes aux usages, les
« devoirs aux bienséances, l'empire de la raison à la
« tyrannie de la mode, le mépris du vice au mépris du
« malheur, la fierté à l'insolence, la grandeur d'ame à
« la vanité, l'amour de la gloire à l'amour de l'argent,
« les bonnes gens à la bonne compagnie, le mérite à
« l'intrigue, le génie au bel esprit, la vérité à l'éclat, la
« grandeur de l'homme à la petitesse des grands, un
« peuple magnanime, puissant, heureux, à un peuple
« aimable, frivole et misérable. »

Ce ne sont pas là des antithèses de rhéteur ; c'est le programme aussi heureusement que nettement esquissé de la régénération morale de la société, telle que la concevait Robespierre en méditant son maître Rousseau. Les progrès que, depuis trente-huit ans, ont faits nos mœurs publiques, en dépit de l'usurpation militaire et de la contre-révolution, nous apprennent comment on arrivera à substituer toutes ces vertus sociales d'un peuple libre aux qualités frivoles d'un peuple esclave. Une partie de ces changemens s'est déjà opérée par un progrès inaperçu. Mais comment pouvaient-ils se réaliser, en 1793, du jour au lendemain et par voie de dictature?

Deux hommes ont parlé après Robespierre.

« L'opulence, a dit Saint-Just, est dans les mains
« d'un assez grand nombre d'ennemis de la révolution.
« Les besoins mettent le peuple qui travaille dans la
« dépendance de ses ennemis. *Concevez-vous qu'un*
« *empire puisse exister, si les rapports civils aboutis-*
« *sent à ceux qui sont contraires à la forme du gou-*
« *vernement?* Si vous donnez des terres à tous les mal-
« heureux, si vous les ôtez à tous les scélérats, je recon-
« nais que vous avez fait une révolution. »

Babœuf s'est manifesté plus clairement encore dans son projet d'insurrection de 1796. On y lit :

« Art. 2. Le but de l'insurrection est l'établissement
« de l'égalité et du bonheur commun.

« Art. 17. Tous les biens des émigrés, des conspira-
« teurs et des ennemis du peuple, seront distribués,
« sans délai, aux défenseurs de la patrie et aux malheu-
« reux.

« Art. 19. Le soin de terminer la révolution sera con-
« fié à une assemblée nationale, composée d'un démo-
« crate par département. »

Nous sommes loin de prétendre que la violence inintelligente des moyens conseillés par Saint-Just et par Babœuf puisse être considérée comme tra- duisant la pensée de Robespierre. Lui concevait vaguement une dictature plus éclairée que ne l'était le commun de la démocratie, et décrétant révolutionnairement le système administratif et financier indiqué par sa déclaration des droits, système inverse de celui sous lequel nous vivons, qui eût fait de la pauvreté un privilége et de la richesse une cause d'indignité politique. Le jeu de l'impôt, dit progressif, aurait traité la richesse comme une sorte de vol fait à la propriété commune. Cet impôt eût atteint la richesse en la frappant d'une sorte de peine pécuniaire, de plus en plus rigoureuse à mesure que le vol commis sur la communauté eût paru plus considérable ou plus effronté. Robespierre espérait sans doute qu'ainsi, et assez rapidement, les riches obligés à renoncer à toutes les jouissances du luxe, à toutes les dépenses immodérées, se feraient vertu de la nécessité, contracteraient des habitudes modestes et des mœurs en harmonie avec l'égalité positive ; que, d'un autre côté, le peuple jouissant, dans sa carrière laborieuse, des dispenses consacrées par l'impôt, assisté par le gouvernement, qui lui donnerait l'éducation et la commandite du travail, renoncerait à la grossièreté et aux vices qui naissent de la misère : ainsi le peuple serait amené assez rapidement à soutenir le voisinage de l'ancien riche et à apprécier à son tour toutes les jouissances d'une civilisation plus compatible avec les bonnes mœurs.

Nous ne croyons pas à la méchanceté gratuite des hommes ; et, après avoir étudié les derniers discours de Robespierre avec l'attention qu'ils méritent de quiconque veut parler de la révolution en connaissance de cause, nous demeurons persuadés que Robespierre s'était cru la puissance personnelle nécessaire pour réaliser dictatorialement le système indiqué par sa déclaration des droits; qu'il espérait purifier la terreur même en la faisant aboutir à la régénération morale du riche et du pauvre. C'était un rêve philanthropique, dira-t-on, bien difficile à concevoir dans un tel homme; mais Robespierre n'est pas mort cependant sans avoir donné à la postérité des gages de la terrible sincérité de son rôle. Il faut convenir qu'il avait fait contre les corrompus de la Montagne, contre les anarchistes de la Commune, contre les furieux d'athéisme, un essai fort audacieux de ses forces; en un mot, qu'il avait toujours été à la tête et non à la suite de son parti. Celui qui avait entraîné tout Paris, le Paris à bout de déraison, de profanation et de cynisme, à la fête de l'Etre-Suprême et à la restauration du dogme de l'immortalité de l'ame, pouvait se croire capable d'obtenir bien d'autres retours des esprits sur eux-mêmes. Peu d'hommes ont eu dans leur orgueil de pareilles excuses. Le révolutionnaire qui s'était trouvé assez irréprochable dans sa vie privée pour demeurer populaire en étouffant le dévergondage du sans-culotisme, pouvait être de bonne foi en se croyant, sur son effrayante époque, l'ascendant nécessaire pour amener dictatorialement la régénération morale du riche et du pauvre. Mais pour un pareil but, quels moyens!

Hâtons-nous de le dire, ce but de la régénération morale du riche et du pauvre est celui auquel tend aujourd'hui la société par les voies de la liberté, quelque contrariée qu'elle soit dans son développement par la résistance du principe monarchique; nous en attestons le haut intérêt, l'évidente sympathie avec lesquels tous les organes de la publicité, ceux même qui représentent des débris d'idées aristocratiques, se livrent à la discussion de toutes ces vues économiques qui tendent à effacer entre la richesse et la pauvreté, entre la propriété et la non-propriété, l'inégalité de fait, consacrée par le monopole politique. A cet égard, les idées sont d'un demi-siècle en avant du gouvernement. Il serait très difficile de trouver des gens qui osassent nier la nécessité de changer la répartition actuelle des charges publiques, et d'associer l'ouvrier au bienfait du crédit, bienfait dont jouissent les autres classes de la société, et dont la privation constitue, pour le travailleur à la journée, l'impossibilité d'améliorer sa situation par les moyens qui appartiennent au travail non journalier.

Qu'aujourd'hui, dans cette France célèbre, qui a brisé dix coalitions par la valeur et l'intelligence de sa démocratie, le travailleur à la journée rencontre pour tout établissement de crédit le Mont-de-Piété, pour toute retraite l'hôpital, pour toute chance de fortune la loterie, pour tout encouragement à sa moralité la caisse d'épargne, c'est une honte à la nation éclairée qui le souffre. Il n'y a plus d'inégalité aujourd'hui entre tous les hommes qui travaillent, que par l'aptitude ou l'inaptitude à jouir du crédit. C'est cette différence qui doit disparaître. Les esprits éclairés, les ames généreuses, les amis de la liberté, qui croient que la liberté n'eût jamais existé en France sans le dévouement des classes populaires, se portent de toutes parts à la découverte du meilleur mode de commandite pour le travailleur à la journée.

C'est là la traduction positive du principe d'égalité de 89, et les choses ont pris d'elles-mêmes cette voie comme les esprits. Qui peut douter, en effet, que depuis 89 la moyenne d'aisance ne se soit considérablement augmentée, et que les extrémités d'opulence et de pauvreté n'aient été réduites dans la même proportion ?

Ce travail d'une société condamnée par Saint-Just et Robespierre, et attaquée de vive force par Babœuf et son école; ce travail invisible et constant de la société, doit trouver dans le système administratif et représentatif du pays des conditions qui le favorisent au lieu de le combattre. C'est là, sans doute, la révolution que demandent les républicains du Manifeste; révolution juste et à laquelle tend la démocratie de 1833, avec un sentiment encore un peu confus de son droit et une assez grande incertitude sur le choix des moyens qui le feront prévaloir. Or, on le tromperait, ce peuple si digne d'entendre la vérité et d'être conduit par elle, si on lui donnait à croire que la Déclaration des Droits de Maximilien Robespierre a résolu le problème. Cette déclaration n'avoue qu'à moitié son moyen, et ce moyen, dans les circonstances où la déclaration fut présentée, ne pouvait être autre chose que l'usurpation de la souveraineté nationale et la substitution à cette souveraineté d'une dictature propriétaire du sol français, dictature de minorité, arbitre de la liberté, de la vie, des biens et des facultés de tous les Français. A la majorité de la Convention, qui ne voulait pas pousser plus loin la réforme sociale; à la France qui n'eût pas donné, à cette époque, une assemblée plus radicale ou plus éclairée que la Convention, Robespierre ne pouvait substituer que le parti qui l'a soutenu jusqu'au 9 thermidor et regretté après cette journée. Ce parti était minorité dans la Convention comme dans la nation; il le serait aujourd'hui encore s'il se présentait avec les mêmes moyens, et certes, on ne veut pas plus dans le sein de la Société des Droits de l'Homme que parmi nous, une dictature de minorité.

Il faut donc se rattacher à notre principe de liberté et de représentation nationale de 89, comme à un point de départ à jamais consacré et inattaquable. Les vœux généraux de bonheur commun empruntés à la déclaration des Droits de Maximilien Robespierre sont légitimes; mais la réalisation de ces vœux ne peut être atteinte que par les légitimes voies qu'une représentation réelle du pays, débattant contradictoirement les intérêts de tous, est seule en possession de fournir. Il faut que notre démocratie de 1833 s'avoue à elle-même qu'elle n'est plus la démocratie de 89, qu'elle a grandi en intelligence, en courage, en connaissance des choses et en aptitudes de toute espèce. La différence de sa conduite dans les deux révolutions de 1789 et de 1830 est la mesure du progrès qui s'est opéré en elle. La lutte, qu'elle ne pouvait pas soutenir, il y a quarante ans, contre la supériorité intellectuelle du riche, elle est en état de l'accepter aujourd'hui; et ce n'est plus pour elle que le suffrage universel serait un leurre. Disons donc que si les hommes qui ont trouvé dans leur dévouement le droit de se constituer, par l'association, les représentans du peuple parisien, disons que si la Société des Droits de l'Homme a tiré de l'oubli la déclaration de Maximilien Robespierre, c'est qu'elle n'a trouvé que là, parmi toutes les déclarations de principes de la même époque, l'indication du but auquel doivent tendre les progrès de la France de 1830 ; c'est que cette déclaration est la seule qui expose une combinaison de moyens administratifs et financiers qui ait pu lui paraître propre à réaliser ce but révolutionnaire.

Expliquer comment les fondateurs de la Société des Droits de l'Homme ont été conduits à s'emparer d'une théorie méditée et formulée par Robespierre, c'est répondre à cette calomnie monarchique qui montre les républicains de 1833 évoquant à plaisir une renommée de sang pour la tourner en menace contre les adversaires actuels ou à venir du mouvement révolutionnaire. Nous sommes peu touchés des déclamations contre les emportemens de 1793, quand ces déclamations partent des mêmes bouches qui ont appelé l'ennemi en 1814 et 1815, ou qui ont salué de leurs cris la légitimité deux fois restaurée sur des cadavres français. Mais il serait déplorable qu'on se familiarisât avec l'idée du retour de ces emportemens : il faut se prouver à soi-même qu'ils ne reviendront pas. Si jamais la généreuse démocratie des barricades avait à lutter contre l'Europe et à se défendre en même temps contre des ennemis intérieurs, elle vaincrait ces derniers, comme en vendémiaire, comme en juillet, les armes à la main ; elle accorderait à tous les mécontens le droit de conspirer dans leur chambre et ne les exterminerait que quand ils oseraient descendre en place publique ; car tout homme blessé dans ses intérêts et ses opinions par une révolution, se fait difficilement au régime qu'elle crée. Ce n'est pas une raison pour tuer préventivement tous ceux qui sont dans ce cas; c'est, au contraire, une raison pour ne les frapper que répressivement, par la guerre, à coup sûr et en masse, quand ils sont assez imprudents pour passer de la répugnance à l'insurrection. La mitraille de vendémiaire a sauvé la révolution en 1795, et ne lui sera jamais imputée à crime. L'échafaud dressé pour prévenir les complots en 1793 a frappé au hasard et érigé en martyrs de la liberté tous ceux des ennemis de la révolution envers lesquels il a été dérogé aux saintes formes de la justice.

Ces exemples sont compris aujourd'hui, et il nous est démontré, malgré toutes les accusations contraires, que l'Association des Droits de l'Homme n'a voulu interroger dans Robespierre que le législateur. Si l'on eût voulu des provocations toutes faites à une nouvelle terreur, ce n'était pas le cas de citer une déclaration de droits purement spéculative; on eût réimprimé les feuilles d'Hébert et de Marat; là du moins on eût trouvé d'assez fameux appels à l'effusion du sang. Mais notre peuple aujourd'hui est trop loin des mœurs brutales qu'il avait reçues de la monarchie des quatorze siècles pour qu'on essaie jamais de lui persuader, ce qu'on fit en 1789, que deux cent mille têtes coupées, celles, par exemple, de tous les électeurs du monopole, changeassent du tout au tout sa situation. Le peuple comprend que ce n'est pas aux électeurs, mais à la loi du monopole qu'il faut couper la tête, et que ces électeurs rentreront dans la masse nationale et s'y confondront du moment que la loi ne consacrera plus en leur faveur une représentation privilégiée.

La Déclaration des Droits de Maximilien Robespierre est si peu identifiée avec le système de terreur qui rallia la majorité de la Convention, depuis le mois de mars 1792 jusqu'au mois de juillet 1793, qu'elle a été repoussée par la majorité de la Convention, non-seulement comme une vaine dispute d'école, mais COMME DANGEREUSE, qui le croirait? EN CE QU'ELLE SEMBLAIT CONSACRER, AU PROFIT DE LA CONTRE-RÉVOLUTION, LE PRINCIPE DE LA RÉSISTANCE A L'ARBITRAIRE. La terreur n'a jamais été au service des idées de réforme sociale énoncées dans la Déclaration des Droits de Maximilien Robespierre. La terreur n'a défendu que des intérêts de nationalité contre des menaces d'invasion et de partage, des intérêts de classe moyenne contre des intérêts d'aristocratie et d'émigration, des intérêts de propriété fondés sur l'acquisition des biens nationaux contre d'autres intérêts de propriété spoliés par la Constituante et la Législative, avant qu'il fût question de la Convention. La terreur a défendu le principe du gouvernement représentatif sans roi, contre celui d'une royauté sans gouvernement représentatif. Voilà les dieux dont les autels ont été ensanglantés en 1793 et 1794. Le principe républicain, ou anti-héréditaire, l'intérêt bourgeois ou anti-nobiliaire, l'intérêt agioteur ou anti-émigrant, engagé dans les biens nationaux, enfin l'intérêt de la grande universalité française, menacé par les coalitions étrangères; tout cela a été préservé, bien ou mal, par le gouvernement terroriste, et tout cela a vécu dans la Constitution de l'an III, testament de la majorité conventionnelle.

Quant à la réforme sociale continuée contre la bourgeoisie au nom des classes inférieures, Robespierre et Saint-Just n'ont fait que l'annoncer dans leurs discours et leurs écrits; elle n'a jamais eu de commencement d'exécution; elle est pure des excès de 93, puisqu'ils ne furent pas commis pour elle; elle fut hors de cause dans toutes les luttes de la révolution. Robespierre et Saint-Just, incontestablement plus moraux que ceux de leurs collègues du comité de salut public avec lesquels ils se trouvèrent en lutte au 9 thermidor, mêlèrent ces idées d'avenir à la part, d'ailleurs si grande, qu'ils prirent aux mesures de défense contre l'étranger; mais les mesures de terreur elles-mêmes ne défendaient que les principes de 89, combattus par l'Europe, compromis par les fautes de tous les partis modérés ou exagérés, et trahis pendant le combat par tous ceux qui, dans le principe, avaient voulu une révolution sans la payer. La réforme sociale indiquée dans les derniers discours de Robespierre était moins une complication de la terreur qu'une issue bien ou mal imaginée pour sortir de cet affreux régime. C'est une cause qui, depuis le 9 thermidor jusqu'à nos jours, a pu compter beaucoup de martyrs, mais qui n'a pas fait une victime. On pourrait lui reprocher la tentative de Babœuf, si cette tentative vraiment insensée n'eût été si cruellement expiée et si elle eût coûté la vie à d'autres qu'à ses auteurs.

Ne nous chargeons donc pas volontairement de la responsabilité d'excès qui appartiennent à d'autres intérêts, à d'autres hommes, à d'autres passions, mais rallions-nous consciencieusement au grand but de fraternité que proclama la révolution française, chose triste à dire! au milieu de cette vaste effusion de sang à laquelle toute la génération contemporaine de 1793 s'était habituée et comme acclimatée! Tienne qui voudra au nom de Robespierre, pour notre compte nous n'y tenons pas; mais ce nom ne saurait faire tort à la vérité pour s'être rencontré avec elle, et si quelques hommes éprouvaient la crainte de penser une fois en leur vie comme a pu penser Robespierre, nous leur dirions qu'une si bonne et si belle cause, qu'un principe d'humanité si juste et si fécond ne peuvent pas s'être exclusivement personnifiés dans un tel homme; que, de même que la croyance à un être suprême et à l'immortalité de l'ame n'a rien perdu à être restaurée par Robespierre dans notre morale publique, de même aussi un principe de pure philanthropie n'a pu être souillé de sang par une simple date; nous leur dirions qu'avant Robespierre des ames élevées, de nobles intelligences, un Lafayette, un Bailly, un Condorcet, un Turgot, un Malesherbes, avaient proclamé aussi la nécessité d'une réforme qui tirât le prolétariat de son abaissement et de ses douleurs. Mais l'action ayant dévoré ou dispersé ces hommes dans la première période révolutionnaire, il ne leur fut pas donné, comme à ceux de la seconde époque, d'aborder la question dans cette opportunité effrayante qu'elle tira de la crise même de 93, et que trente-huit ans de progrès sans convulsions lui ont restituée sous de meilleurs auspices.

Ainsi donc, qu'on parte de Turgot, de Necker, de Malesherbes, de Lafayette, de Condorcet ou de Robespierre, on est sûr de marcher au même but, l'amélioration du sort des classes inférieures; mais avec Robespierre on court risque d'être accusé de vouloir amener le bien par le mal, c'est-à-dire par la dictature d'une minorité; avec Condorcet, Turgot et Lafayette, on montre qu'on veut arriver au bien par la justice, c'est-à-dire par la liberté, par les procédés du gouvernment représentatif vrai, par la majorité nationale provoquée à la discussion et persuadée. Nous savons que la restauration et le gouvernement doctrinaire, par leur représentation de mensonge, ont jeté du discrédit sur ce qu'on nomme les idées de constitutionalisme. Le gouvernement doctrinaire en particulier a compromis jusqu'au langage de la liberté en le faisant servir à ses déceptions; mais le gouvernement doctrinaire a compromis aussi, comme emblème d'émancipation européenne, le drapeau tricolore; il eût fait, des aigles impériales, un symbole d'avilissement national s'il lui eût été donné de les attacher à ses drapeaux. Et cependant, qui doute qu'avec d'autres hommes le drapeau tricolore et l'aigle de Wagram ne renouvelassent tous leurs miracles? Il en est de même de la liberté : ce n'est pas aux tristes opérations des assemblées du monopole qu'il faut demander la mesure de ce que ferait une représentation républicaine pour changer le sort du prolétaire.

Dans une représentation véritable du pays, il n'est pas d'intérêt qui puisse être exclu; il n'est pas de système qui ne puisse être produit, et le système conçu par le comité d'Association des Droits de l'Homme subirait comme tout autre, dans une représentation ainsi organisée, l'épreuve d'un examen décisif. Nous ne doutons pas que les partisans de ce système ne le soutinssent par de très bonnes raisons; mais, parmi les hommes aussi dévoués qu'eux aux intérêts des classes populaires, ils rencontreraient certainement des contradicteurs nombreux. On leur dirait qu'en voulant détruire l'inégalité constituée au profit du riche, il faut craindre de fonder l'inégalité au profit du pauvre. Or, nous pensons que si l'homme placé au-dessous de la ligne qui séparerait le riche du pauvre (démarcation fort difficile à établir) était dispensé de contribuer aux charges publiques; que si son mobilier, son coin de terre, son humble demeure, étaient francs de contribution, tandis que ces choses seraient taxées chez le riche; que si, de plus, le riche, en payant la part du pauvre, était obligé de lui assurer la pension alimentaire, pour le faire arriver à la moyenne de bien-être déterminée par la loi; que si enfin, après avoir payé la part de contribution du pauvre et la sienne, après avoir donné de son superflu pour compléter le nécessaire du pauvre, le riche se voyait condamné, pour tout ce qu'il posséderait de surplus, à une amende de plus en plus rigoureuse, suivant que cet excédant serait plus considérable; il nous semble, disons-nous, que le riche serait dévoué à un véritable régime d'avanies. Dès le troisième ou quatrième retour d'un pareil impôt, il n'y aurait plus de riches avoués, et l'on aurait dépravé le pauvre en l'habituant à faire état de son indigence. Tout le monde aurait intérêt à être pauvre ou à le paraître, à dénaturer sa fortune, à la soustraire à l'inquisition des répartiteurs, et c'est par là surtout qu'on reconnaîtrait bientôt que l'injuste est fort souvent l'impraticable.

L'impôt qui atteint le pauvre dans le nécessaire et tarit

la source de ses facultés productives, est sans doute ce qu'il y a de plus inhumain. Il ne peut être défendu par cette triste allégation qu'il est impossible de faire autrement ; car on peut faire autrement tant qu'il existe des classes assez ménagées par les faveurs d'un régime de prohibition, de primes et de monopole agricole ou industriel, pour jouir du superflu jusqu'à la fatigue et l'ennui d'elles-mêmes. Voilà ce qui suggérait naturellement la pensée de l'impôt progressif; mais cet impôt, combiné comme il l'est par la déclaration de droits de Robespierre, avec diverses exceptions en faveur du pauvre, attaque le riche, non comme le favori du monopole, mais comme riche; dans la pensée non avouée de le détruire, quelle que soit l'origine de sa richesse. Cette vue est fausse : on semble considérer la richesse générale du pays comme la provision de vivres d'un navire en mer, provision qui, une fois embarquée, ne s'augmenterait plus, et le pauvre paraîtrait, dans ce système, n'être réduit à la moitié ou au tiers de sa ration que parce que le riche mangerait deux ou trois fois plus que la sienne.

De là l'idée toute populaire de vouloir réduire le riche à la simple ration, c'est-à-dire de faire qu'il ne soit plus riche. Or, on est riche fripon, mais on est aussi riche honnête homme; on est riche oisif, mais on est aussi riche laborieux; on est riche par héritage, mais on l'est aussi parce qu'on a su exploiter une grande découverte dans les arts, un perfectionnement dans l'industrie; on devient riche parce qu'on est très habile chirurgien, ou grand jurisconsulte, ou artiste du premier ordre; on est riche parce qu'on a rendu à son pays de grands services dans le gouvernement et dans les armées.

La richesse personnelle n'est donc pas un tort nécessaire fait à l'humanité, et souvent elle est le prix des services qu'on lui a rendus. L'impôt progressif, impôt de jalousie et non d'équité, ne distinguerait pas entre la richesse héritée et la richesse péniblement et honorablement acquise, entre la richesse oisive et la richesse laborieuse. L'impôt progressif punirait toute richesse sans distinction, et cela dans la fausse donnée que tout riche dévore la substance d'un certain nombre de pauvres. Cela est vrai de certains riches, de tous ceux, par exemple, dont la fortune est produite par le jeu combiné des primes de sortie accordées à leurs produits et des prohibitions dirigées contre tous les produits étrangers de même nature. Les primes qui engraissent ces privilégiés sont directement prélevées sur le nécessaire du pauvre par les droits de consommation : les prohibitions qui les aident à vendre cinq et six fois au-dessus de leur valeur réelle les objets que la concurrence étrangère mettrait à la portée de tous, sont une interdiction jetée sur les besoins, souvent les plus impérieux, du pauvre ; car l'homme ne vit pas seulement de pain, mais de ce qui constitue le bon vêtement et la salubrité du gîte. Cette classe de riches, qui ne serait pas riche sans le monopole, il n'y a qu'un moyen de l'atteindre avec efficacité : ce n'est pas la pompe aspirante de l'impôt progressif, c'est la destruction des primes et prohibitions. Avec le privilége disparaîtra le privilégié, et la richesse légitime subsistera comme la récompense due à quiconque contribue par son travail, ses qualités d'ordre, son talent, ses facultés en tout genre, à ajouter à la gloire de sa patrie et à tirer du sol national de nouveaux moyens de sustenter la population qui s'y multiplie sans cesse.

Entre ce système et celui qui consisterait à déclarer l'Etat seul riche, seul propriétaire, seul producteur, seul consommateur, seul régulateur de l'activité nationale, seul inventeur, seul créateur dans les arts, dans l'industrie, dans le mouvement général de la civilisation; entre ces deux systèmes, disons-nous, l'impôt progressif ne tiendrait qu'un milieu hypocrite : il aurait pour objet de détruire toute espèce de richesse en dissimulant ce but. Pourquoi n'avouerait-on pas ce but si on l'avait conçu? c'est un système comme un autre, mais il le faut complet et conséquent. Si vous ne voulez plus la richesse individuelle, vous êtes forcé de vouloir la richesse unique et exclusive de l'Etat. Alors c'est l'Etat qui perçoit et qui donne, qui produit et qui consomme, qui possède et qui distribue. Vous n'ignorez pas que ces doctrines d'absolue communauté sont déjà celles d'une école républicaine, qui, tout récemment aussi, a lancé son manifeste, manifeste beaucoup moins remarqué que celui de la Société des Droits de l'Homme, parce qu'il s'est placé dans un avenir bien plus éloigné encore du véritable état des choses. L'école dont il est ici question ne déguise point son objet, qui est d'abolir la richesse individuelle. Aussi a-t-elle laissé de côté l'impôt progressif, parce qu'en détruisant la richesse là où elle est, il n'indique pas où elle doit être et à qui il appartient d'être exclusivement riche dans l'intérêt de tous (1).

(1) Il s'agit ici d'un projet de constitution qui venait d'être lancé par des disciples de la réforme de Babœuf.

L'impôt progressif sur les riches entra en l'an 1ʳᵉ dans les voies et moyens du budget de la Convention. Le gouvernement voulut faire rentrer un milliard d'assignats pris sur les riches, qu'on regardait en masse comme plus ou moins ennemis de la révolution. On avait évalué à 1,000 fr. par an le revenu nécessaire de chaque individu. Une famille de cinq personnes, qui avait 5,000 livres de revenu, était dans les limites du nécessaire. Si cette famille avait 15,000 livres de revenu, elle était réputée jouir de 10,000 livres de superflu. Les 10,000 étaient taxées à raison de 10 p. 100, ce qui réduisait le revenu total à 14,000 livres, au lieu de 15. Tout ce qui était au-delà de ces 15,000 livres réduites à 14 était enlevé par l'impôt. Ainsi 20,000 livres de revenu pour cinq personnes donnaient à l'impôt 20 moins 14, ou 6,000 livres; 40,000 livres donnaient 40 moins 14, ou 26. Une famille de cinq personnes pouvait vivre certainement avec un revenu de 20,000 ou de 40,000 livres réduit à 14,000; mais si ce revenu eût été grevé d'engagemens pour moitié, comme cela n'est pas rare, un prétendu riche à 40,000 livres, après avoir donné 26,000 livres à l'impôt, et en avoir consacré 14 à son arriéré, aurait manqué de 6,000 livres à ses engagemens et aurait dû s'endetter de 14,000 livres pour vivre cette année, lui et les siens. Toutefois, cet essai d'impôt progressif rapporta, en 1793, à peu près ce qu'on en avait attendu, et c'est probablement là ce qui persuada qu'on pouvait l'employer habituellement. Mais on voit que les mêmes fortunes n'auraient pas pu se prêter deux ans de suite au même effort; et d'ailleurs on ne parvint alors à recouvrer cet impôt, ou plutôt cet emprunt forcé, qu'en imprimant la terreur à quiconque tromperait les répartiteurs ou se déroberait à leurs estimations : cette manière d'assurer la perception d'un impôt ne serait aujourd'hui du goût de personne. Le peuple faisait alors gratuitement l'office d'une armée de collecteurs; ce qui, dans des circonstances aussi malheureuses que celles de l'an II, pouvait être une triste nécessité; mais un pareil mode de répartition et de recouvrement ne se concilierait guère avec le principe d'un gouvernement normal fondé sur le consentement de la majorité. Or, ce n'est pas un gouvernement révolutionnaire, indéfiniment révolutionnaire et de transition, c'est un gouvernement normal et définitif que veut avec nous le comité de la Société des Droits de l'Homme.

Nous venons de citer un exemple de l'application de l'impôt progressif dans un temps fort difficile; mais il est bon qu'on sache que la Convention, ou plutôt les hommes compétens qui lui inspiraient confiance dans ces matières, n'ont jamais admis la possibilité d'appliquer l'impôt progressif dans une situation régulière. Lorsque le préambule de la constitution de 93 fut discuté à la Convention, c'était à l'époque même où Robespierre présenta sa déclaration des droits; un membre proposa de décréter que l'impôt serait progressif, et que les citoyens reconnus au-dessous du nécessaire seraient exempts de toute contribution. La motion fut écartée par la même majorité qui avait fait rejeter la déclaration des droits de Robespierre : on se rendit à cette observation de Cambon, la grande autorité financière de l'époque, qu'il ne fallait pas lier le corps législatif en administration et en finance par des principes absolus et des théories le plus souvent impraticables. Il ajouta quelques mots sur l'inconvénient de dispenser de l'impôt de prétendus nécessiteux, et d'autres membres soutinrent après lui que le plus noble attribut d'un citoyen, quelle que fût sa situation, c'était de contribuer pour sa part, et dans la proportion de ses ressources, aux charges publiques. On sera étonné peut-être des paroles que fit entendre Robespierre à cette occasion. Elles prouvent ou que Robespierre ne possédait que des idées fort peu arrêtées sur les matières d'administration et de revenu public, ou que l'ensemble de ses opinions n'aurait pas été assez complètement étudié par ceux qui ont cru les trouver résumées dans la déclaration des droits de 1793.

« J'ai partagé un moment, dit Robespierre, l'erreur
« qu'on vient d'émettre; je crois même l'avoir écrite
« quelque part : mais j'en reviens aux principes, et je
« suis éclairé par le bon sens du peuple, qui sent que
« l'espèce de faveur qu'on lui présente est une injure.
« En effet, si vous décrétez constitutionnellement que
« la misère excepte de l'honorable obligation de contri-
« buer aux besoins de la patrie, vous décrétez l'avilis-
« sement de la partie la plus pure de la nation, vous
« décrétez l'aristocratie des richesses, et bientôt il s'é-
« tablirait une classe d'ilotes, et l'égalité et la liberté
« périraient pour jamais. N'ôtez point aux citoyens ce
« qui leur est le plus nécessaire, la satisfaction de pré-
« senter à la république le denier de la veuve. » Il y a loin de ce langage de Robespierre à quelques-unes des

théories qui pourraient prendre leur point de départ dans la déclaration invoquée par la Société des Droits de l'Homme. Nous n'abuserons pas de la citation ; nous en tirerons seulement la preuve qu'on s'est réglé beaucoup en 1793 sur la nécessité, et peu sur les théories absolues.

Les essais financiers qu'on a tentés sous la Convention ne pourraient donc tout au plus faire autorité que pour des circonstances entièrement semblables. C'étaient des expédiens de détresse, et non des règles de conduite et d'équité pour une situation ordinaire. Le gouvernement alors opérait sur une nation ruinée, ou du moins chez laquelle la plupart des objets que l'impôt atteint dans notre système actuel de finances, ne produisaient plus ou avaient été affranchis par l'état de révolution. Ainsi tous les impôts de consommation étaient écartés comme ne pouvant être supportés par un peuple affamé, ou qui se battait en masse, sans habits et sans pain, à la frontière. Des trois grands impôts directs, établis par la Constituante, le foncier, le mobilier et l'impôt des patentes, le premier avait été converti en emprunt forcé et progressif sur les riches, le second et le troisième étaient abandonnés par l'impossibilité d'appliquer des méthodes de recensement et de perception encore très vicieuses.

C'est depuis lors seulement, il faut noter cette époque, que des données certaines ont commencé à être obtenues sur les forces contributives de la propriété foncière, mobilière et industrielle; c'est depuis lors que la France a été cadastrée et que le perfectionnement de toutes les méthodes descriptives a fait connaître avec exactitude, par année, par trimestre, par mois, tous les mouvemens et mutations qui surviennent dans la distribution des trois branches principales de la propriété individuelle; c'est depuis lors aussi que la centralisation financière s'est établie; que l'État s'est substitué comme fermier-général de l'impôt, ayant seul le bénéfice du mouvement des fonds, à ces compagnies et entreprises financières qui livraient encore en l'an vii à la spéculation privée le produit des diverses contributions, et laissaient souvent le trésor à sec quand les caisses de l'agiotage étaient combles; c'est depuis lors enfin qu'a été mis en action le mode expéditif et peu coûteux qui préside aujourd'hui à la comptabilité de nos recettes et dépenses. Vous savez que ce système soumet les deux grandes fonctions des finances publiques, le recouvrement des deniers et le paiement des services, à une surveillance et à des garanties tellement rigoureuses, qu'il est toujours possible de constater, jour par jour, sur la surface entière de l'empire, la situation de chaque contribuable par rapport au percepteur, et celle de chaque receveur par rapport à l'État.

La Convention ne possédait pas tous ces moyens d'administration, et cependant, condamnée qu'elle était à opposer la terreur au mauvais vouloir des redevables et à la conjuration effrontée de l'agiotage, c'est elle qui a posé les premières bases de ce grand système de vérification financière qu'on nous envie en Europe, que tous les gouvernemens successifs ont contribué à perfectionner depuis trente ans, et qui a fourni tant de ressources à ces gouvernemens contre la liberté elle-même. Pourquoi la liberté ne profiterait-elle pas à son tour de toutes ces créations, qu'elle a rendues possibles en faisant table rase là où régnaient tous les désordres du vieux système provincial et monarchique? Ce sont les hommes de la révolution qui ont posé les premiers en principe le despotisme de l'unité, et qui ont doté la France de ces rigoureuses et savantes méthodes dont l'application à la comptabilité des finances a donné, au bout de trente ans, la régularité et la simplicité qu'on remarque aujourd'hui dans cette branche de l'économie publique. Ne répudions pas ces avantages pour aller nous reporter à l'enfance des essais administratifs et à la difficile époque de la Convention. L'état actuel des choses est l'œuvre des hommes de la révolution; ils ont poursuivi cette œuvre sans relâche, tantôt en administrant eux-mêmes, comme sous le Consulat et l'Empire; tantôt en faisant au gouvernement, comme sous la Restauration, une guerre de publicité et de surveillance, et l'obligeant à trouver dans une économie et une simplification administrative de plus en plus stricte, les moyens de désarmer le contrôle parlementaire. La France ne se retrouvera donc jamais dans les embarras financiers de 1793, car on ne lui ôtera pas ce qu'elle sait, ce qu'elle a appris à ses dépens. Son expérience est la plus légitime de ses conquêtes, et aucune situation ne peut l'empêcher de la mettre à profit.

On aurait donc tort de se prendre à l'avance de désespoir, de se voir partout et toujours poursuivi par les nécessités de 93, de se croire héréditairement dévoué aux extrémités de cette cruelle époque, ou de pâlir sur elle en lui demandant des exemples et des conseils pour des épreuves qu'on n'est pas destiné à subir, et ici se présentent des considérations d'un autre ordre.

Les discussions financières auxquelles nous avons assisté depuis trois ans, nous ont appris que le gouvernement de la minorité représentée employait le tiers de son budget à se défendre contre les non-représentés. Supprimez le monopole, et vous gagnez sur lui tout ce qu'il emploie à payer sa royauté héréditaire, sa police, ses corruptions de toute nature, ses 400,000 hommes inutiles à la gloire du pays. Un autre gouvernement de monopole qui naîtrait au profit de telle ou telle prétention, élevée par une fraction de la démocratie, serait certainement condamné à se défendre par les moyens qu'emploie le privilége monarchique, et probablement aussi, en détournant une partie de la fortune publique pour des services de pure tyrannie, il se verrait dans l'impossibilité de servir la masse nationale. Mais le système de majorité républicaine auquel nous tendons serait plus riche de tout ce qu'il rendrait à la liberté des opinions et à la représentation sincère des intérêts même les plus opposés. La liberté, la représentation générale du pays, voilà la mine d'or de la révolution de 1830.

Si nous n'avons pas dit un mot des dangers dont la propriété territoriale pouvait être menacée par le système de la Société des Droits de l'Homme, c'est que nous ne croyons pas plus à la loi agraire que Robespierre n'y croyait lui-même en présentant à la Convention sa déclaration des droits. Robespierre ne proposait pas de détruire la propriété, mais de l'équilibrer, d'en changer la distribution par un système d'impôts qui limiterait chez le riche la faculté d'acquérir, et favoriserait chez le pauvre la tendance à devenir propriétaire. Babœuf lui-même, si insensés que fussent ses projets, n'imaginait pas de saisir un beau matin le sol français et la propriété bâtie, et de distribuer le tout en vingt-cinq millions de parts égales. Or, n'est-ce pas là ce qu'on entend par la loi agraire? Babœuf promettait au faubourg Saint-Marceau les hôtels des faubourgs Saint-Germain et Saint-Honoré ; c'était une sorte de transfusion de population d'un quartier de Paris dans un autre, le tout sous l'invocation de la constitution de 93, laquelle consacrait formellement le principe que nul ne peut, sans indemnité préalable, être dépossédé pour cause d'utilité publique. Le programme de révolution *pour le bien commun* lancé par Babœuf contre le Directoire, était la tentative désespérée d'hommes qui voulaient faire une fin de martyrs. Cette conjuration éclata en effet au moment où retentissaient les prodiges d'Arcole et de Mantoue. Jamais il n'y avait eu moins de chances pour emporter d'assaut les garanties civiles de la propriété.

Aussi l'éternel qui-vive monarchique contre la loi agraire qui arrive et va faire invasion, n'est-il, comme Robespierre lui-même l'a dit, qu'une calomnie de fripons pour épouvanter les imbéciles, calomnie qu'un des ministres de la royauté du 7 août, le chef même de l'école doctrinaire, a livrée au mépris qu'elle mérite, lorsqu'il a dit à la tribune : « La propriété est, de tous
« les principes de l'ordre social, celui qui a le moins
« besoin d'être défendu. Je n'ai pas peur pour elle ; je
« crois que la propriété est bonne pour se défendre,
« et qu'elle n'a rien à craindre des plus hardis argu-
« mens de la logique. »

Et en effet, si toutes les constitutions portent des garanties en faveur de la propriété, remarquons que ces garanties ne sont pas stipulées en faveur du principe de propriété individuelle contre les doctrines de communauté de biens, mais en faveur de cette nature de propriété contre les confiscations de détail auxquelles les gouvernemens pourraient se livrer. Ouvrez les écrits qui ont préparé la révolution, vous y verrez demander unanimement des garanties en faveur de la propriété; mais contre quel ennemi? tantôt contre l'absolutisme royal, tantôt contre l'avidité des grandes familles aristocratiques, jamais contre les idées de communauté de biens, ou si l'on veut, de loi agraire, qui cependant remplissaient les écrits des philosophes de l'école de Mably. C'est qu'en effet la propriété individuelle n'avait rien à redouter de la théorie. Les disciples de Mably n'effrayaient personne en disant des choses que l'on pourrait répéter aujourd'hui sans aucun danger pour la propriété, et, par exemple, que le progrès de la sociabilité en France doit amener un état de choses où les terres et la propriété bâtie appartiendront à tout le monde et ne seront plus à personne. Permis aux générations à venir de fonder cette parfaite communauté de toutes choses, si elles le jugent convenable; mais, en attendant la réalisation d'un tel progrès, possible ou non, on ne veut pas qu'un gouvernement puisse vous chercher querelle pour avoir un prétexte de confisquer vos biens. Les écoles philosophiques les plus hardies n'ont pas à leur disposition les moyens d'exproprier dix millions de propriétaires fonciers, et tout gouvernement disposerait de la force matérielle nécessaire pour dépouiller tantôt un citoyen, tantôt une classe d'ennemis politiques, si les garanties légales ne l'arrêtaient.

La propriété générale, la propriété représentée par les cotes de dix millions de propriétaires, grands, moyens, petits et même indigens, est donc au-dessus de toute atteinte. C'est un fait plus fort que tout gouvernement, même militaire et despotique; c'est un fait que la république elle-même fondée sur l'universalité du suffrage ne saurait détruire que du consentement de dix millions de citoyens payant la contribution foncière; et il y a d'autres classes de propriétaires, comme il y a diverses espèces de propriété après celle du sol. Ainsi donc les discussions sur le droit originel de propriété, et sur la question de savoir si la propriété individuelle dérive du droit de nature ou du droit social, pourraient bien inquiéter quelques propriétaires privilégiés, tels que les membres des familles royales, comme elle menaçait, il y a quarante ans, la propriété cléricale et aristocratique; mais la propriété générale n'a rien à en craindre : la propriété générale est un fait garanti contre les atteintes des gouvernemens et des partis, par la puissance et le nombre des intérêts liés à sa conservation.

Non-seulement la propriété générale n'est pas plus menacée aujourd'hui qu'il y a quarante ans, mais on pourrait dire qu'elle l'est moins, parce que la révolution a doublé le nombre des propriétaires, en même temps que le progrès agricole et industriel triplait le revenu de la surface entière du sol. La vraie tendance de l'époque actuelle, c'est la division de plus en plus grande de la propriété; c'est la suppression de tous les monopoles qui créent, au profit d'une minorité privilégiée, une richesse prélevée sur le bien-être de tous. Plus nous irons en nous abandonnant au mouvement naturel des choses, plus le monopole se restreindra, plus la propriété générale se fortifiera en descendant vers la classe inférieure, plus l'universalité des propriétaires français, grands et petits, sera assurée que les écoles philosophiques et les partis niveleurs ne peuvent rien contre elle que de son consentement. Si donc la propriété devenait jamais commune en France, de particulière qu'elle est, c'est qu'on aurait persuadé, démontré à la majorité propriétaire qu'elle a intérêt à s'abdiquer dans un ordre de choses où la propriété ne serait plus individuelle, mais commune.

S'il est vrai de dire que la propriété générale, telle que la majorité des esprits la conçoit en France, n'a rien à redouter de l'irruption et des victoires passagères des partis, il est nécessaire d'ajouter aussi que la nation, réellement et duement représentée, ne saurait être combattue dans ses développemens par telle ou telle définition du principe de propriété qu'il plairait aux législateurs contemporains d'introduire dans leurs codes. La nation fait les définitions dans un temps, et les change dans un autre quand elles se trouvent fausses en présence de faits nouveaux et imprévus. C'est ainsi que la Constituante faisait dériver, en 1789, la propriété individuelle d'un droit supérieur à toute volonté de gouvernement, et que, dans l'année suivante, elle déclarait la nation française propriétaire souveraine du sol, libre en cette qualité de reprendre ou de laisser au clergé et aux corps religieux les biens qu'ils tenaient de la crédulité publique et privée. Dans le premier cas, la Constituante n'avait en vue que de prévenir les usurpations du pouvoir royal sur la propriété; dans le second, elle se proposait d'atteindre la propriété aristocratique, la propriété de droit féodal, qui n'était qu'une usurpation sur la liberté, les personnes et la propriété des non-privilégiés.

Le principe proclamé alors par la Constituante fut le même qui servit à punir l'émigration armée contre le sol; c'est celui qu'on retrouve en proportion réduite dans la dernière loi d'expropriation pour cause d'utilité publique. Mais la justice, qui a d'éternelles lois, ne veut pas que la nation dans sa souveraineté, même la plus illimitée, puisse commettre un acte injuste, et ce serait un acte injuste que d'exproprier un citoyen, hors le cas d'émigration armée, sans indemnité préalable. La nation, duement représentée, a un droit illimité de propriété sur toute l'étendue du sol; mais ce droit est soumis à une condition préalable, l'indemnité due au propriétaire dépossédé de la propriété. Voilà les bases actuelles de la propriété constituée, bases trop larges pour ne pas suffire à la plus vaste carrière de progrès social, bases trop équitables pour pouvoir alarmer aucun intérêt légitime.

Tout ce que nous venons de dire de la propriété viagère s'applique à la propriété héréditaire. Il n'est pas d'école réformatrice qui ne doive être satisfaite de la précise définition du droit héréditaire de propriété, telle qu'on la trouve dans l'immortel testament de Mirabeau, le discours *sur l'égalité des partages dans les successions,* lu après sa mort à la Constituante par l'évêque d'Autun. Et, comme le principe de Mirabeau, savoir, *que l'État seul peut donner l'investiture à l'héritier et attacher des conditions à cette investiture,* est passée dans notre Code civil, sous ce rapport encore, nous ne voyons pas ce qui arrêterait une représentation véritable du pays dans la fixation des conditions de l'investiture, suivant le progrès des temps et le succès des doctrines réformatrices dans les esprits.

Au reste, si la propriété s'est trouvée mêlée, depuis trois ans, à nos contestations politiques, ce n'est pas par les attaques des républicains de 1830, mais bien par l'effet du système qui a été suivi depuis ce que l'on est convenu d'appeler le rétablissement de l'ordre, c'est-à-dire depuis l'usurpation du 18 brumaire. C'est alors, en effet, qu'on a irrévocablement renoncé à égaliser les charges publiques entre toutes les classes de citoyens, pour accepter comme un fait, comme une nécessité indestructible, les inégalités existantes, et asseoir l'impôt en conséquence. Les idées de réforme et de perfectionnement social ayant fait place alors à l'esprit soi-disant pratique et gouvernemental, on a cru voir les choses telles qu'elles étaient, en consacrant le partage de la nation en classes destinées à jouir des avantages de la civilisation et en classes dévouées à n'en connaître que les misères. On a dit : Les gens riches et aisés sont avec nous et doivent être ménagés par l'impôt; les classes qui vivent du travail à la journée sont contre nous, et doivent être impitoyablement atteintes dans le nécessaire, pour être arrachées à l'activité et au goût de la vie publique. Dans le même temps, on songeait à refaire des dynasties, des princes, des aristocraties : il fallait rendre à tout cela l'entourage d'un peuple grossier et misérable, d'un peuple serf, non plus de la glèbe, mais des droits réunis, et il est digne de remarque que cette création des droits réunis et l'établissement impérial sont deux inventions de la même année, conçues dans le même esprit : cela va sans dire.

C'est ici la séparation définitive de l'impôt en deux branches : l'une directe, atteignant modérément la richesse et l'aisance; l'autre indirecte et destinée à pressurer ce que l'on n'appelle plus le peuple, mais la multitude. La Constituante était partie du principe opposé : faire porter à la richesse et à l'aisance la plus grande part possible de la charge commune, et ménager le nécessaire du travailleur à la journée. Mais depuis 1804 jusqu'en 1815, l'impôt établi dans la donnée aristocratique n'admet de dégrèvement qu'en faveur de la propriété, de la richesse mobilière et de l'industrie patentée. Tout ce qui est travail à la journée est au contraire accablé de plus en plus par l'impôt de consommation. Les financiers de l'empire ont admis en principe que la puissance contributive du pays est dans les sueurs de la masse ouvrière, comme la force militaire est dans le sang du peuple conscrit, prodigué sur les champs de bataille pour des intérêts trop souvent dynastiques. L'homme qui transporte d'un bout de l'Europe à l'autre des armées de cinq cent mille hommes, en disant que la victoire est aux gros bataillons, justifie à ses propres yeux l'extension continuelle de l'impôt de consommation, en disant que la richesse de l'empire est dans le travail forcé du grand nombre, et non point dans l'aisance de la minorité; que c'est pure niaiserie de vouloir donner à ce peuple des idées qui lui feraient trouver sa condition plus dure, et qu'après tout, les rangs de l'armée sont une carrière ouverte à l'élite de la démocratie. Vous savez combien de haines ce système inhumain avait soulevées contre l'empire, et combien la restauration profita de la popularité de ce cri : « Plus de droits réunis ! »

Sous la Restauration nous avons vu cependant se continuer et se perfectionner la même politique, parce que la société était représentée aristocratiquement. Au-dessus d'une certaine ligne qui sépare l'état de gêne de l'aisance, on voyait les contribuables armés de droits politiques et disputant au gouvernement l'influence législative. Au-dessous de cette ligne, on ne voyait plus des hommes ni des citoyens, mais un je ne sais quoi de brut, d'agissant et d'insensible, appelé la matière contributive, matière première sur laquelle le génie de l'agiotage opère ses miracles. Aussi, qu'ont produit toutes les investigations financières de 1815 à 1830, tant dans les chambres que dans les conseils-généraux ? Les divers impôts directs ont été étudiés dans tous leurs rapports avec la population riche, aisée, moyenne et représentée, qu'ils atteignent, et d'année en année des dégrèvemens constans ont rendu ces impôts plus supportables à la classe moyenne. On a constamment réduit l'impôt foncier, et les riches seuls ont profité de cette réduction, car cet impôt n'est pas proportionnel : il est arbitrairement réparti, et sur les dix millions de propriétaires fonciers, il y en a neuf et demi qui n'ont jamais eu voix dans les petites représentations locales appelées à répartir les charges et les dégrèvemens. Quant aux diverses branches de l'impôt indirect, on les a étudiées aussi; mais comme *la matière contributive* atteinte par l'impôt indirect n'était pas représentée dans le corps législatif, toutes les études ont eu pour effet, non d'adoucir la rigueur de l'impôt de consommation pour ceux qui l'acquittent par un prélèvement fait sur l'appétit, la soif et le repos de chaque jour, mais de rendre, au contraire, la mine plus productive.

Et voyez l'admirable raisonnement! Si le progrès de la population amenait chaque année une plus-value de l'impôt indirect, cette plus-value ne signifiait pas pour les financiers de la restauration qu'un plus grand nombre de malheureux fussent nés et eussent subi la capitation; cela voulait dire que le peuple s'était enrichi, puisqu'il avait payé au-delà des prévisions de l'année. Or ce surplus, qu'en faisait-on? On l'appliquait, comme une sorte d'offrande volontaire de la démocratie, au dégrèvement des impôts de la classe moyenne. Quelque profitable que ce système ait été à la classe moyenne, nous ne le lui reprochons pas; elle était représentée, elle a usé de ses droits politiques pour améliorer sa propre position; elle ne s'est pas crue la tutrice obligée des classes moins éclairées qu'elle; elle a accepté un bien-être fondé sur la misère du plus grand nombre : cela n'est malheureusement que trop naturel; mais c'est pour que la classe inférieure puisse aussi faire elle-même ses propres affaires, que nous demandons pour elle des droits politiques. Ainsi donc, ce n'est pas le peuple qui, jusqu'en 1830, a profité du perfectionnement des méthodes d'administration, de perception, de comptabilité; ce n'est pas pour lui qu'on a étudié les effets de l'impôt bien ou mal assis. La cause seule du contribuable représenté a été plaidée, et sa situation seule est aujourd'hui bien connue. L'homme du peuple n'a jamais été considéré, depuis 1814, comme individualité contributive, mais comme partie insensible d'un grand tout appelé la multitude, et qui doit périr, s'il le faut, pour réaliser certaines combinaisons du génie financier, comme la multitude, dans une armée, doit se faire tuer pour accomplir les conceptions du génie de la guerre.

Ne semble-t-il pas, enfin, que depuis dix-huit ans, on ait fait une loi au parti révolutionnaire d'attaquer la propriété dans plusieurs de ses conditions, quand on a voulu se défendre par la propriété contre le progrès bien inoffensif assurément des idées libérales? n'a-t-on pas essayé de mettre les principes de la révolution à jamais hors des affaires, en élevant contre eux le cens de 1,000 francs, le double vote, les majorats, le droit d'aînesse, l'hérédité législative, l'indemnité de l'émigration? Il a bien fallu riposter aux efforts que faisait la restauration pour rétablir l'immobilité de la propriété; on a dû opposer aux idées contre-révolutionnaires de concentration et d'inégalité, les idées révolutionnaires de divisibilité et d'égalisation.

Dans l'ordre financier comme dans l'ordre politique, la restauration ne s'est-elle pas donné pour auxiliaires les égoïsmes de grande et de moyenne propriété? N'a-t-elle pas, comme nous venons de le dire, constamment dégrevé l'impôt foncier pour ajouter à la charge toujours croissante de l'impôt indirect, ce bât jeté sur le dos du peuple par les financiers impériaux, à une époque où le peuple passait pour avoir donné sa démission et s'être résigné à son ancienne condition de gent corvéable, taillable à merci et miséricorde? Le peuple a montré en juillet comment il savait jeter son bât. Il a reconquis ses droits à l'importance individuelle comme contribuable et comme citoyen, et si, depuis, il s'est réuni en associations et s'est avisé d'examiner les titres de ses oppresseurs ; s'il n'a pas mis dans cet examen toute la sagesse, toute la modération, toute la science possible ; c'est un peu la faute de ceux qui, après lui avoir refusé l'éducation, l'ont provoqué en juillet à se donner ce qu'ils appellent un gouvernement de son choix : mot de déception, mais qui proclame un droit dont nous saurons faire une réalité.

Pour nous résumer, le Manifeste de la Société des Droits de l'Homme, comme produit du sentiment populaire qui cherche à s'initier par l'étude et la discussion à l'exercice éclairé du droit de suffrage, méritait, au plus haut degré, l'accueil et l'attention des défenseurs du droit de discussion. Il aurait pu servir de texte à des considérations beaucoup plus étendues. Si nous nous sommes appesantis sur quelques-unes des questions qu'il soulève, nous en avons négligé beaucoup d'autres. Notre objet était d'insister sur les points par lesquels toutes les opinions républicaines se touchent, et de montrer aussi en quoi la publication du comité de la Société des Droits de l'Homme ne saurait passer pour l'expression commune et générale du sentiment républicain.

Vous avez vu qu'au fond il n'y a pas un vœu populaire exprimé par le Manifeste de la Société des Droits de l'Homme qui ne se rencontre avec nos propres inspirations, et, nous nous plaisons à le dire, avec celles de la majorité éclairée du pays. Nous vous avons montré, dans le Manifeste des Droits de l'Homme, un produit spontané des traditions et des sentimens qui vivent dans la démocratie parisienne. Nous avons dit pourquoi, depuis 89, cette partie de la population semblait plus intéressée à la réforme sociale qu'aux réformes politiques, et celles-ci pourtant sont le seul moyen logique, régulier, sûr et légitime, de décider les améliorations sociales. Nous vous avons dit pourquoi, dans ses défiances malheureusement trop justifiées contre les idées de constitutionalisme, l'Association des Droits de l'Homme était allée chercher son modèle d'ordre et de réforme sociale dans les souvenirs et les travaux d'une époque où toutes ces questions ont été abordées avec la hardiesse que commandait l'état de crise. Nous avons cru comprendre pourquoi les écrits de Robespierre avaient obtenu, sur les plus anciens fondateurs de l'Association, plus de crédit qu'aucune autre conception du même temps. Nous nous sommes efforcés d'établir que la déclaration de Robespierre ne répondait pas au sentiment que nous aimons à croire le plus généralement dominant dans cette Société : le respect de la souveraineté nationale, la haine de toute usurpation qui prétendrait décider par la minorité ce que la majorité seule a le droit de résoudre.

Après avoir établi que la réforme proposée par Robespierre ne pouvait s'accomplir que dictatorialement et contre l'esprit de notre société et de notre civilisation nationale, nous n'avons pas voulu qu'on pût accuser nos concitoyens du comité des Droits de l'Homme d'avoir voulu ressusciter, en adoptant le nom de Robespierre, une menace terroriste contre les opinions qui nous combattent, et nous avons été conduits à établir, par les dates et par les faits, que les idées de réforme développées par le Manifeste ne sont nullement liées, théroriquement du moins, au système de la terreur, et que ce serait bien gratuitement, de gaîté de cœur, qu'on attirerait à soi l'odieux qui appartient à d'autres intérêts et d'autres temps.

Répondant à ceux qui voudraient voir dans le nom de Robespierre la condamnation des vérités morales et des vues philanthropiques professées par cet homme à quelques égards inexplicable, nous avons rappelé que les doctrines qu'on voudrait personnifier dans Robespierre pouvaient trouver dans quelques-uns des philosophes du dix-huitième siècle et des réformateurs de 1789 des autorités plus rassurantes pour notre temps, et que toute la différence entre la philanthropie de 89 et celle de 93, c'est que la première avait spéculé avec calme, loin de faits effrayans avec lesquels la seconde s'était trouvée fatalement aux prises. Qu'on renoue d'ailleurs la chaîne des temps aux hommes de l'une ou de l'autre époque, c'est, nous l'avons dit, le même but, le même vœu, la même fin : la répartition plus égale de la propriété, le triomphe plus complet du principe d'égalité politique, la régénération morale du riche et du pauvre ; la réforme sociale pour but, et la réforme politique pour moyen.

Ces beaux résultats, digne d'occuper tout votre dévouement, toutes vos méditations, toute votre activité, nous avons cru que le gouvernement représentatif vrai, fondé sur le suffrage de tous, devait les assurer désormais rapidement, parce que le peuple est en masse plus intelligent qu'il y a quarante ans, et peut soutenir dans les voies électorales la concurrence des classes riches ; la propriété, même dans sa constitution actuelle, ne pouvant faire obstacle à aucun changement démontré praticable et reconnu bon par la majorité.

Nous désirons que, de cet examen sincère des doctrines du Manifeste et de notre franche déclaration des principes qui chez nous en diffèrent, résulte pour nos amis et pour nos ennemis la preuve que la discussion rapproche les divers élémens du parti républicain, loin de leur révéler ces incompatibilités sur lesquelles spéculent les derniers partisans de la dernière des monarchies connues et du dernier monopole possible.

www.ingramcontent.com/pod-product-compliance
Lightning Source LLC
LaVergne TN
LVHW051507090426
835512LV00010B/2394